AF331018

FACULTÉ DE DROIT DE PARIS.

THÈSE
POUR LE DOCTORAT

PAR

Alphonse de PISTOYE

AVOCAT A LA COUR IMPÉRIALE
ANCIEN ÉLÈVE DE L'ÉCOLE POLYTECHNIQUE
LICENCIÉ ÈS SCIENCES MATHÉMATIQUES.

PARIS

TYPOGRAPHIE DE HENRI PLON

IMPRIMEUR DE L'EMPEREUR

RUE GARANCIÈRE, 8.

1870

DES

DROITS DU VENDEUR D'IMMEUBLES

NON PAYÉ.

THÈSE
POUR LE DOCTORAT

SOUTENUE

Le jeudi 23 juin 1870, à midi

PAR

Alphonse-Ernest-Adrien-Hyacinthe DE PISTOYE

né à Paris le 15 novembre 1845

AVOCAT A LA COUR IMPÉRIALE DE PARIS
ANCIEN ÉLÈVE DE L'ÉCOLE POLYTECHNIQUE
LICENCIÉ ÈS-SCIENCES MATHÉMATIQUES.

PRÉSIDENT : M. VUATRIN, professeur.

SUFFRAGANTS :
MM. PELLAT,
DUVERGER,
COLMET DE SANTERRE, } professeurs;
DESJARDINS, agrégé.

PARIS

TYPOGRAPHIE DE HENRI PLON

IMPRIMEUR DE L'EMPEREUR

8, RUE GARANCIÈRE.

1870

A LA MÉMOIRE DE MA MÈRE.

A MON PÈRE.

DROIT ROMAIN.

Dans la classification des biens, des choses qui peuvent faire l'objet de conventions, le droit romain n'avait pas tenu de la distinction des biens en meubles et en immeubles un compte aussi grand que le droit moderne. Notamment pour la vente envisagée au point de vue des droits du vendeur non payé, les règles sont les mêmes, qu'il s'agisse de meubles ou d'immeubles. Ce sont elles que nous nous proposons d'esquisser dans cette étude.

CHAPITRE PREMIER.

La vente est un contrat consensuel de bonne foi. Nous la supposerons parfaite. Sans rechercher quelles sont les conditions qui doivent se trouver réunies pour qu'il en soit ainsi, nous les supposerons accomplies, soit que nous nous placions à l'époque classique, où le seul consentement (1) suffit, soit que nous nous placions à l'époque de Justinien, qui a exigé des conditions nouvelles et introduit des modifications sur lesquelles on n'est pas d'accord (2).

Parmi les éléments de la vente se trouve la détermi-

---

(1) § 139, Com. 3, Gaius; L. 35, pr., Dig., liv. 18, tit. 1, Gaius.
(2) Inst. J., liv. 3, tit. 23, pr.; L. 17, C., liv. 4, tit. 21.

nation du prix qui doit être certain (1). Nous le supposerons fixé.

Le vendeur qui a exécuté les obligations que lui impose le contrat, peut contraindre l'acheteur à exécuter les siennes. Quelles sont les garanties que la loi lui accorde, telle est la question que nous devons examiner.

Il peut contraindre l'acheteur à l'exécution au moyen de l'action *venditi.*

Le vendeur a l'action *ex vendito* pour obtenir ce que l'acheteur doit lui procurer (2). Ulpien ne distingue pas; cette action est donnée au vendeur pour tout ce qu'il peut réclamer.

En première ligne se trouve le prix de la chose vendue; l'acheteur doit transférer à son vendeur la propriété des écus qu'il lui livre (3), *Emptor autem nummos venditoris facere cogitur.* Les intérêts peuvent être dus dans certains cas.

Si la chose vendue a été livrée, les intérêts sont dus alors même que la possession de l'acheteur serait précaire, car il peut recueillir les fruits (4). Si au contraire la chose n'a pas été livrée, les intérêts ne sont pas dus en principe, sauf convention contraire. Dans ce cas les intérêts ne peuvent dépasser le taux légal (5). Ce taux légal a varié. A l'époque classique, il était de 12 pour 100. Justinien l'a abaissé à 6 pour 100, tout en établissant des distinctions (6).

---

(1) L. 2, tit. 23, § 1, Inst.; Gaius, Com. 3, § 140.

(2) L. 13, § 19, Dig., Ulpien, liv. 19, tit. 1, *De act. empti.*

(3) L. 11, § 2 : Ulp., eod. tit.

(4) L. 13, § 21, Ulp., eod. tit.; L. 5, C., liv. 4, tit. 49, *De act. empti.*

(5) L. 13, § 20. Dig., liv. 19, tit. 1, *De act. empti.*

(6) L. 26, § 1, C., *De usuris,* liv. 4, tit. 32.

De même les intérêts étaient dus quand le débiteur avait été mis en demeure (1). Le taux a d'abord été fixé *ex more regionum*, puisque la vente était un contrat de bonne foi. Justinien a décidé que le taux des intérêts moratoires serait le taux légal (2).

A côté du prix et des intérêts, cette action sanctionne toutes les conventions insérées dans la vente et qui peuvent procurer au vendeur quelques avantages.

Cette action *venditi* est purement personnelle ; son résultat sera de procurer au vendeur une condamnation qu'il fera exécuter contre l'acheteur.

Mais il se peut que cet acheteur soit insolvable ; alors le vendeur se trouve, sur les biens de cet acheteur, en concours avec les autres créanciers. A-t-il quelque droit de préférence sur le prix qui provient de la vente de l'objet par lui vendu ? ,

Il faut répondre qu'il n'en a pas. Il est certain qu'il pouvait se faire donner une hypothèque, mais alors le droit de préférence dont il est muni provient non de sa qualité de vendeur, mais de sa qualité de créancier hypothécaire. De même s'il avait exigé la remise d'un gage.

A Rome, les *privilegia* ou droits de préférence qui étaient attachés par la loi à une créance, soit à raison de la nature de cette créance, soit à raison de la qualité du créancier, se divisaient en deux classes. Parmi ces créanciers privilégiés, les uns étaient simples créanciers chirographaires et ne pouvaient user du droit de préférence que contre les créanciers chirographaires,

---

(1) L. 32, § 2, D., *De fruct.*, liv. 22, tit. 1 ; — L. 15, C., *De act. empti,* liv. 4, tit. 49.

(2) L. 1, p., Dig., liv. 22, tit. 1; — L. 26, § 1, C., liv. 4, tit. 32.

et ils étaient primés par les créanciers hypothécaires. Ce privilége s'appelait *privilegium inter personales actiones*. Les créanciers qui en jouissaient formaient une classe intermédiaire entre les créanciers hypothécaires et les créanciers purement chirographaires.

D'autres créanciers étaient mieux traités. Ils passaient même avant les créanciers hypothécaires antérieurs. Dans ce cas on disait qu'ils avaient une hypothèque privilégiée.

Le vendeur n'avait été rangé ni dans l'une ni dans l'autre de ces catégories. Il était créancier purement chirographaire.

Seul le fisc avait une hypothèque tacite sur les biens de ses débiteurs, et parmi eux pouvait se trouver un acheteur (1). Mais les autres vendeurs n'avaient pas cette hypothèque (2).

Avaient-ils un privilége *inter chirographarios?* La question était autrefois discutée. On se basait sur la loi 34 (liv. 42, t. 5, Dig.) et les Novelles 53, 97, 136 (3). — La loi 34 est ainsi conçue : *Quod quis navis fabricandæ, vel emendæ, vel armandæ, vel instruendæ causá vel quoquo modo crediderit, vel ob navem venditam petat, habet privilegium post fiscum.* Il n'est pas bien certain que par ces mots *ob navem venditam* la loi ait en vue le vendeur du navire qui demande à être payé; l'on pourrait soutenir que Marcien vise ici le créancier à propos du navire qui vient d'être mis en vente par autorité de justice. Mais même en admettant que le texte soit relatif au

---

(1) L. 2, C., liv. 7, tit. 73, *De privilegio fisci.*
(2) L. 5, § 18, liv. 14. tit. 4, Dig.
(3) Loyseau, *Des offices,* liv. 3, ch. 8, n°ˢ 15, 16, 46, 67.

vendeur du navire, cette décision ne devrait être considérée que comme une dérogation à la règle générale. Outre la loi 34 qui consacre un privilége au profit des prêteurs de deniers pour la réparation ou l'armement d'un navire, on trouve au Digeste d'autres textes qui sont favorables à la navigation (1) et qui consacrent des hypothèques privilégiées pour ceux qui ont prêté de l'argent. Il ne faudrait donc voir dans la loi 34 qu'une exception en faveur de la navigation que l'on voulait encourager beaucoup, les apports de blé étant nécessaires pour la subsistance du peuple de Rome.

Quant aux Novelles, elles sont aussi étrangères à notre sujet; en effet, la Novelle 53, chapitre 5, reconnaît un privilége à celui qui a prêté de l'argent pour l'achat de la milice. Il n'est nullement question de donner hypothèque à celui qui l'a vendue. La Novelle 97 crée, en faveur de la femme pour la reprise de sa dot, une hypothèque privilégiée (chap. 4), et au chapitre 5 elle décide que cette hypothèque ne sera pas opposable à ceux qui ont prêté de l'argent pour l'achat de la milice. Là non plus, il n'est pas question du privilége du vendeur de la milice. Enfin dans la Novelle 136 la loi établit un privilége en faveur des *argentarii* qui ont prêté de l'argent pour l'achat de la milice. Ces décisions relatives au prêteur de deniers s'expliquent dans une civilisation où le rôle de l'armée était considérable, et où l'on voulait faciliter l'achat des grades militaires, et pour cela l'on donnait des garanties à celui qui rendait cet achat possible par un prêt. Cette raison n'existe

----

(1) Loi 5, L. 6, pr. et § 1, Dig., liv. 20, tit. 4; *Qui potiores in pignore.*

pas en faveur de celui qui se retire du service et qui vend sa charge.

Il ne semble donc pas que l'on puisse induire de ces textes qu'à Rome le vendeur eût un privilége ou une hypothèque privilégiée sur le bien qu'il vendait. Tout au plus pourrait-on dire que la loi *Quod quis* (loi 34) reconnaît au vendeur du navire cette hypothèque privilégiée, et, dans ce cas, devrait-on ne voir là qu'une exception à la règle.

Du reste, alors même que le vendeur de la milice aurait une hypothèque privilégiée (ce qui n'est point dit du tout dans les textes), il faudrait encore y voir une exception. Il serait en effet incroyable que, sur un point d'une si grande importance, le privilége du vendeur, il n'y eût pas un seul texte précis établissant la législation, alors qu'à plusieurs reprises un point très-voisin est traité. En effet, le pupille qui prête des deniers pour l'achat d'un bien, a sur ce bien une hypothèque privilégiée tacite (1). Si cette décision n'était que l'application au pupille de la règle générale, on devrait en trouver mention quelque part au Digeste, ce qui n'est pas. L'on peut même citer un texte qui dément formellement cette opinion. La loi 5, § 18 (*De tributoria actione*, liv. 14, tit. 4), suppose que des marchandises ont été vendues et se retrouvent en nature. Le jurisconsulte se demande s'il n'est pas inique de forcer le créancier (le vendeur) à subir le concours des autres. Il faut distinguer, dit Ulpien : le vendeur a-t-il suivi la foi de l'acheteur, il est obligé de subir ce concours; sinon, il peut revendiquer ces marchandises.

---

(1) Loi 7, *Qui potiores*, liv. 20, t. 4.

Cette solution, qui n'est que l'application du droit commun en matière de vente, suivant l'opinion dominante, qui n'est qu'une exception au droit en cette matière, suivant la première opinion, contredit formellement cette dernière.

Il semble que l'on doive, conformément à la doctrine générale, refuser au vendeur soit un privilége simple, soit une hypothèque privilégiée pour garantir l'efficacité de l'action *venditi* qu'il a contre l'acheteur.

Ce vendeur peut se faire consentir sur le bien vendu une hypothèque, cela ne peut faire le moindre doute; mais, s'il ne le fait pas, est-il dans tous les cas dénué d'action sur la chose même qu'il a vendue? Avant de répondre à cette question, il est nécessaire de rappeler quelle était la théorie romaine à propos de la translation de propriété en général et à la suite d'une vente en particulier.

Jamais les jurisconsultes romains n'ont attaché à la convention des parties un effet semblable à celui que lui reconnaît le droit moderne; la translation de propriété n'en a jamais résulté. La volonté de transférer la propriété, la volonté de l'acquérir, sont bien des éléments nécessaires à cette translation; mais cet effet n'est produit que lorsque certaines formalités ont été remplies. Il fallait l'emploi d'un mode solennel pour les choses *mancipi*, il fallait tradition pour les choses *nec mancipi*. Il n'y avait transport de la propriété d'une personne à une autre que lorsque ces circonstances extérieures venaient s'ajouter à l'intention d'effectuer ce transport (1). En particulier, dans la vente, on ne

____

(1) L. 20, C. *De pactis*, liv. 2, tit. 3. *Traditionibus et usucapionibus dominia rerum, non nudis pactis, transferuntur.*

saurait appliquer au droit romain la décision de l'article 1583 du code Napoléon. La seule convention des parties n'est pas par elle-même translative de propriété. Disons même plus, la vente n'implique pas pour le vendeur la nécessité de cette translation. Cela ne veut pas dire que, si le vendeur était propriétaire, il ne résultait pas de la tradition une translation de propriété; cela signifie seulement que, tant que par le fait du vendeur *rem habere emptori licebat*, le vendeur avait accompli ses obligations. Cela est si vrai, que les jurisconsultes romains se demandaient s'ils ne devaient pas ranger au nombre des contrats innomés se formant *re* la convention suivante : l'une des parties s'obligeait à *dare*, à transférer la propriété de telle chose à l'autre partie, qui s'obligeait par réciproque à lui *dare*, à lui transférer la propriété des écus. Est-ce une vente, est-ce un échange? Celse incline à penser que c'est un échange (1); Paul, au contraire, y voit une vente proprement dite (2). Laissant de côté la question relative à l'intérêt que présente cette distinction au point de vue des actions qui sanctionnent cette convention, nous ne voulons tirer de cette controverse que la conséquence suivante. Bien loin que dans la vente la convention des parties fût par elle-même translative de propriété, l'obligation de transférer la propriété était si peu de l'essence de ce contrat, que Celse se demandait si on ne devait pas voir un échange dans la convention qui imposait cette obligation à celui qui jouait le rôle de vendeur. En dehors donc de la vente, du

---

(1) L. 16, Dig., liv. 12, tit. 4, *De condict. causâ datâ*.
(2) L. 5, § 1, Dig., liv. 19, tit. 5, *De præscriptis verbis*.

contrat pris en lui-même et comme convention des parties, il fallait ici, comme en général, employer un des modes translatifs de propriété pour arriver à ce résultat. La limite des obligations du vendeur était que *rem emptori habere liceret*. La vente étant un contrat de bonne foi, cette obligation n'était remplie que lorsque le vendeur avait rempli les formalités nécessaires à la translation de la propriété, l'acheteur ayant en effet intérêt à pouvoir se dire *dominus in jure Quiritium*. Aussi le vendeur devait-il employer l'un des modes solennels lorsque la chose vendue était classée parmi les *res mancipi*. Au reste, cette distinction entre les *res mancipi* et les *res nec mancipi* était tombée en désuétude, et sous Justinien la tradition suffisait.

Nous venons de voir que la tradition qui suivait la vente était translative de propriété. Cela n'est pas rigoureusement vra: et il faut distinguer.

Si la vente était faite sans terme, la tradition ne produisait ce transport de propriété qu'autant que le prix avait été payé. L'on assimile au payement du prix le fait du vendeur d'avoir reçu un fidéjusseur, un gage, etc.; *Venditæ vero res et traditæ non aliter emptori adquiruntur quam si is venditori pretium solverit, vel alio modo ei satisfecerit, veluti expromissore aut pignore dato* (1). — *Ut res emptoris fiat, nihil interest utrum solutum sit pretium, an eo nomine fidejussor datus sit* (2).

Si, au contraire, le vendeur avait accordé un terme à l'acheteur, la tradition emportait la translation de propriété. *Sed si is qui vendidit fidem emptoris secutus est, dicendum est statim rem emptoris fieri* (3).

---

(1) § 41, Inst., liv. 2, tit. 1.
(2) L. 53, Gaius, Dig, liv. 18, tit. 1, *De cont. empt.*
(3) § 41, Inst., liv. 2, tit. 1.

Ces décisions s'expliquent facilement par l'intention présumée des parties. Le vendeur aurait pu stipuler que la tradition n'opérerait transfert de la propriété qu'après le payement du prix ou quelque autre mode équivalent de satisfaction. La loi présume cette intention quand la convention est muette; mais, par cela même que la volonté contraire a été exprimée, la présomption tombe. Cette doctrine ou ses conséquences se trouvent dans les textes des jurisconsultes ou des Constitutions (1).

Quels sont dans ces différents cas les moyens d'action du vendeur? Examinons-les successivement.

Première hypothèse. — Il y a eu vente, mais point de tradition, le vendeur est resté propriétaire de la chose vendue. Poursuivi par l'acheteur en délivrance, il se refusera à la tradition tant que celui-ci n'aura pas exécuté ses obligations, c'est-à-dire tant qu'il n'aura pas payé le prix. A l'époque classique, où la *mancipatio* était nécessaire pour la translation de propriété de quelques choses, cette *mancipatio* ne supposait pas nécessairement prise de possession réelle, quoique dans l'acte il y eût prise de possession symbolique. Dans ce cas, l'acheteur était devenu propriétaire et pouvait agir contre son vendeur par la revendication, et il pouvait se voir repousser par l'exception de dol.

Deuxième hypothèse. —La vente a été suivie de tradition, mais le vendeur n'a ni suivi la foi de l'acheteur ni reçu une satisfaction quelconque (gage, fidéjusseur, etc)..

Dans ce cas le vendeur est resté propriétaire de la chose vendue, et il peut la revendiquer soit contre les

----

(1) L. 53, Dig., liv. 18, tit. 1. — L. 5, § 18, Dig., liv. 14, tit. 4 — L. 3, C., liv. 4, tit. 54.

tiers détenteurs, soit contre l'acheteur resté en possession. Si celui-ci oppose à l'action du vendeur l'exception *rei venditæ et traditæ*, le vendeur répliquera par le dol de l'acheteur qui ne paye pas. Cette action en revendication n'a point pour effet de faire tomber la vente, le résultat est seulement de faire rentrer en possession de la chose le vendeur resté propriétaire. Quant au contrat de vente il reste entier, et, après cette reprise de possession par le vendeur, chaque partie, vendeur et acheteur, reste dans les liens de l'obligation primitive (1).

Troisième hypothèse. — La vente a été suivie de tradition et le vendeur a suivi la foi de l'acheteur ou a exigé et reçu des sûretés, des garanties de payement. Dans ce cas, l'acheteur est devenu propriétaire et le vendeur est réduit à l'action *venditi* que nous avons dit n'être garantie par aucun privilége. Il pourra, cela va sans dire, user des garanties qu'il a pu se faire donner. Parmi ces garanties, il en est une qui se présente naturellement à l'esprit. Le vendeur a stipulé que la chose vendue resterait entre ses mains à titre de *pignus*. Dans ce cas, le vendeur est resté en possession de la chose vendue. Il semble que ce cas rentre dans celui que nous avons prévu plus haut, celui où il n'y a pas eu de tradition. L'apparence est la même, mais une différence profonde sépare ces deux hypothèses. En effet, tandis que, dans la première hypothèse prévue, le vendeur est resté propriétaire, et, comme tel, muni de son chef de toutes les actions qui compètent à un véritable propriétaire, dans la seconde au contraire, la propriété a passé à

---

(1) **Textes cités, note précédente.**

l'acheteur, et le vendeur n'est armé que des droits et actions d'un créancier gagiste. Cette clause, que l'on dit quelquefois clause de constitut possessoire, renferme tous les éléments de la tradition véritable, et c'est ainsi que les jurisconsultes romains l'envisageaient (1).

De cette différence fondamentale résultent d'autres différences qui en sont la conséquence. — Le vendeur resté propriétaire peut vendre à un moment quelconque et transférer la propriété au nouvel acheteur, sans que celui-ci puisse être tourmenté par le premier acheteur. — Le vendeur, créancier gagiste, ne peut vendre qu'après l'arrivée du terme fixé pour le payement et après trois sommations au débiteur. A l'origine même, il fallait que ce pouvoir lui eût été expressément réservé par la convention de gage (2). Plus tard, quand le pouvoir de vendre fut devenu de la nature du contrat de gage, la convention pouvait être muette à cet égard. Plus tard même, les trois sommations ne furent exigées que quand la convention portait que le créancier ne pourrait pas vendre le gage (3). Sous Justinien il ne peut vendre que deux ans après la sommation. Lorsque le vendeur propriétaire avait vendu, et livré à un second acheteur la chose vendue une première fois, il était tenu par l'action *empti* envers le premier acheteur à l'indemniser du tort qu'il lui causait en ne lui livrant pas la chose. Si, au contraire, il avait agi comme créancier gagiste, c'était par l'action

---

(1) L. 18, pr., Dig., liv. 41, tit. 2, *De acq. vel. am. poss.* — L. 77, Dig., liv. 6, tit. 1, *De rei vind.*

(2) Gaius, Com. 2, § 64. — L. 73, Dig., liv. 17, tit. 2, *De furtis.*

(3) Paul, *Sent.*, liv. 2, tit. 5, § 1. — L. 4, Dig., liv. 13, tit. 7. *De pig. act.*

pigneratitia directa. Le montant de la condamnation n'était pas le même. Tandis que, dans le premier cas, le vendeur était tenu dans la limite de l'intérêt qu'avait l'acheteur à avoir la chose, dans le second, il n'était tenu que de restituer l'excédant du prix de la seconde vente sur le prix de la première. A l'égard des tiers, la position du vendeur dans les deux cas n'est pas moins différente. Propriétaire, il peut agir par l'action en revendication; créancier gagiste, il n'a que les interdits. A l'égard des créanciers de l'acheteur, le vendeur resté propriétaire ne consentira à se dessaisir de la propriété en faveur de l'acheteur représenté par ses créanciers qu'à la condition d'être intégralement payé. Si, au contraire, il est simple créancier gagiste, il subit le concours de certains créanciers. Sur le prix de la chose, comme son droit d'hypothèque (ou de gage) n'est pas privilégié, il est primé par les créanciers à hypothèques privilégiées. Il faut même dire qu'il subit le concours des créanciers à hypothèque générale antérieurs à la vente. A Rome, on pouvait concéder hypothèque sur ses biens à venir, et quand plusieurs créanciers avaient ainsi reçu hypothèque générale, on se demande quel était l'ordre de préférence de ces créanciers sur le bien acquis. Faut-il, avec quelques interprètes du droit romain, dire que tous ces créanciers viendront en concours? Faut-il, avec d'autres, dire qu'ils conserveront sur ce bien l'ordre des dates des hypothèques qu'ils ont reçues? Si l'on admet la première solution, il faudra dire que le vendeur subit le concours de tous les créanciers ayant hypothèque générale sur les biens de l'acheteur. Si l'on admet la seconde, la position du vendeur sera encore pire, puisqu'il sera primé par tous ces créanciers, et que son droit de gage peut être une arme inutile en ses mains. Nous n'avons pas à aborder ici la question relative au rang de ces différents créanciers; ce que nous voulons faire remarquer, c'est que, quelle que soit l'opinion que l'on adopte sur cette question, le droit de gage est beaucoup moins favorable au vendeur que le droit de rétention qu'il a avant la tradition.

Quatrième hypothèse. — Nous réunissons ici différentes hypothèses qui rentrent en réalité dans les deux que nous avons déjà vues. La tradition qui a suivi la vente a été faite par le vendeur à un de ces titres que le droit français dit *précaires*, à titre de locataire par exemple ou de précariste. Le vendeur est resté propriétaire. C'est même cette précarité de la possession de l'acheteur que la loi suppose après la tradition qui suit une vente faite sans terme. Ici nous supposons qu'elle a été formellement stipulée (1). Cette précarité de la possession de l'acheteur peut même se rencontrer quand il est devenu propriétaire. Il suffit de supposer qu'après la convention de gage intervenue entre l'acheteur et le vendeur, celui-ci remet à l'autre partie la possession de la chose, soit à titre de fermier, soit à titre de précariste, ce qui était possible (2).

Pour nous résumer, s'il n'y a pas eu tradition, le vendeur est resté propriétaire. S'il y a eu tradition et que la vente ait été faite sans terme, il est encore resté propriétaire. S'il y a eu terme accordé, il est encore resté propriétaire, s'il n'a entendu livrer qu'à titre précaire. Dans les autres cas, la tradition entraîne la perte de la

---

(1) L. 5, C., liv. 4, tit. 54.
(2) L. 35, § 1, Dig., liv. 13, tit. 7, *De pig. act.*

propriété, et le vendeur est réduit à l'action *venditi*, action personnelle et pour laquelle il subit le concours des autres créanciers, à moins qu'il ne se soit réservé la possession à titre de créancier gagiste.

Dans le cas où il le peut, le vendeur qui reprend la possession de la chose vendue, soit par l'action en revendication, soit par l'action hypothécaire, reste dans les liens des obligations qui résultent de la vente. L'acheteur peut, en lui offrant le prix, exiger la remise de la chose vendue. Toutes les actions que nous venons de passer en revue ont pour but, sinon direct, du moins indirect, l'exécution du contrat de vente.

Mais l'inexécution des obligations de la part de l'acheteur est-elle une cause de résolution du contrat? Le droit romain a-t-il, comme le droit français, admis le vendeur à faire prononcer la résolution pour inexécution, pour défaut de payement? Non, l'inexécution n'est une cause de résolution que quand cette condition résolutoire a été insérée dans le contrat. La vente était un contrat nommé qui était sanctionné par des actions spéciales, les actions *empti* et *venditi*. Mais jamais elle n'a donné naissance soit à la *condictio ob rem dati re non secuta*, soit à la *condictio ob pœnitentiam*, qui étaient réservées aux contrats innomés.

Et encore, d'après les textes du Digeste, il semble qu'au dernier état du droit la *condictio ob pœnitentiam* dût être réservée pour le cas où la convention avait quelque analogie avec le mandat, dans les contrats innomés rentrant dans la catégorie *do ut facias*.

C'est à ce point de vue qu'il y avait intérêt à se demander si la convention de transférer la propriété ne transformait pas la vente en un contrat innomé, sanctionné soit par l'action *præscriptis verbis*, soit par la *condictio ob rem dati re non secuta*.

Ainsi donc pour la vente, il n'y a jamais lieu à la *condictio ob rem dati re non secuta*. En effet, l'on ne pouvait pas dire que l'obligation du vendeur s'était trouvée sans cause. Dans l'échange, la cause de la translation de propriété par l'un est la translation de propriété par l'autre. Si donc celui-ci n'exécute pas, le premier peut dire : *res non secuta est*. Dans la vente, rien de semblable : la cause de l'obligation du vendeur est l'obligation que l'acheteur contracte envers lui. Cette obligation existe dès que la vente est conclue. Lorsque le vendeur viendra à exécuter ses obligations, ce ne sera pas en vue de l'exécution des obligations de l'acheteur, ce sera pour se libérer de son obligation personnelle. Ces deux obligations de l'acheteur et du vendeur ne peuvent naître l'une sans l'autre, mais une fois nées, elles sont indépendantes. Le vendeur qui exécute n'a pas pour but d'obtenir l'exécution des obligations de l'acheteur, mais sa libération de l'obligation par lui contractée.

Si en général le vendeur ne peut provoquer la résolution du contrat, il est un cas où l'on arrive à un résultat pareil. En effet, resté propriétaire de la chose vendue, lorsque l'acheteur le poursuivra par l'action *empti*, le vendeur le repoussera par l'exception de dol, si l'offre de payer le prix n'accompagne pas cette demande en délivrance. En vertu de la maxime *Ne bis de eâdem re actio sit*, l'acheteur ne pourra agir à nouveau, et le vendeur sera à l'abri d'une nouvelle action et il pourra librement et sans crainte disposer de la chose vendue. Ce résultat est dû à la règle romaine que nous avons citée, et non à la résolution qui se serait opérée. Tandis que, s'il y avait eu résolution, le vendeur aurait pu, par une action (nous verrons plus loin quelle est sa nature), reprendre sa chose, ici il ne tire qu'un moyen de défense contre une nouvelle action, et ne peut agir lui-même que pour amener l'exécution du contrat et point pour détruire l'exécution partielle ou totale qu'il lui aurait donnée.

Cette impossibilité pour le vendeur de demander la résolution par cela seul que le contrat n'est pas exécuté, n'a cependant pas été poussée au point que les parties ne puissent, par une clause contraire, convenir qu'elle pourra avoir lieu. Alors la résolution résulte de la convention accessoire et non du contrat de vente lui-même, et cette clause n'a jamais été sous-entendue quand la convention était muette. L'opinion contraire a cependant été appuyée sur la loi 6, Code (liv. 4, tit. 54). Mais il suffit de lire ce texte pour s'assurer qu'il y est question moins d'un contrat de vente que d'un contrat innomé, *do ut des* ou *do ut facias*. Voici quelle est l'hypothèse. Une personne a transféré la propriété de son fonds pour un prix minime, *exiguo pretio*, et en vue d'un but parfaitement déterminé dans le contrat, *certæ rei contemplatione*, soit une dation, soit un fait auquel l'acheteur s'engageait. Si le but n'est pas atteint, le vendeur pourra agir pour se faire rendre le fonds par lui aliéné. Ce qui pouvait faire doute, c'était la présence d'un prix, d'une somme d'argent que l'acquéreur devait payer. Malgré cela les empereurs décident que ce n'est pas une vente, et qu'il pourra y avoir lieu à résolution pour inexécution. Dans le texte, les empereurs évitent d'employer le mot *vente*, et les expressions semblent indiquer que ce n'est pas comme vente, c'est comme contrat innomé que la solution est donnée. Il y est dit en effet : « *Quum tu fundum tuum, certæ rei contemplatione inter vos habitâ exiguo pretio in alium transtulisse, commemoras.* » Ce texte ne fait donc pas échec à la proposition que nous avons soutenue, c'est-à-dire que la clause résolutoire n'était pas sous-entendue dans le cas de vente. Il fallait qu'elle fût expresse. Nous allons maintenant nous occuper de la clause résolutoire insérée dans la vente.

CHAPITRE II.

DE LEGE COMMISSORIA.

(Dig., liv. 18, tit. 3.)

Nous aurons à voir successivement les principes généraux du pacte commissoire, puis les règles relatives soit à l'accomplissement, soit à l'inaccomplissement de la condition, et enfin les effets de ce pacte tant à l'égard des parties qu'à l'égard des tiers.

SECTION I.

PRINCIPES GÉNÉRAUX.

Le pacte commissoire est ainsi défini par Ulpien (1) : *Si fundus lege commissoriâ venierit, hoc est, ut nisi intra certum diem pretium sit exsolutum, inemptus fieret... »* Le pacte commissoire est donc la convention que font les parties relativement à la résolution pour défaut de payement du prix. Nous avons montré que cette clause résolutoire n'était à Rome, ni de l'essence, ni de la nature du contrat de vente; la convention était donc régie par les règles relatives aux *pacta adjecta*.

Si la convention avait lieu *in continenti*, partie intégrante du contrat de vente, elle vaut comme la vente elle-même, et est garantie par les mêmes actions.

Si le pacte était intervenu *ex intervallo*, pour savoir s'il vaut, il faut distinguer. Cette convention porte en effet sur la substance de la vente, sur les *substantialia*.

______

(1) L. 4, pr., Dig., h. tit.

Si les choses sont encore entières, *omnibus integris ma-
nentibus*, la convention vaudra comme convention nouvelle (1); les parties auront détruit la première vente
pour en faire une nouvelle conditionnelle; seulement,
pour qu'il en soit ainsi, il faut que les parties contractantes aient, au moment de cette nouvelle convention,
la capacité nécessaire pour faire la vente.

Si, le pacte intervenu *ex intervallo*, les choses ne se
trouvent plus entières, la convention ne peut donner
naissance qu'à une exception. Le vendeur n'en tire pas
une action pour forcer l'acheteur à la restitution, mais
seulement une exception pour repousser une demande
en délivrance. Cependant cette convention pourrait
donner force à une action qui sans elle se trouverait
entre les mains de l'acheteur paralysée par une exception. Il faut supposer que la vente contenait un terme
au profit de l'acheteur; le vendeur fait la tradition,
mais ne la fait qu'à un titre précaire; après intervient
le pacte commissoire : le débiteur laisse passer le terme
sans payer, mais au moment où le vendeur agit par
l'action en revendication, l'acheteur prêt à payer essaye
de le repousser par l'exception de dol; sans le pacte
commissoire, il triompherait, mais le vendeur paralyse
son exception par la réplique *pacti conventi*.

Dans la définition du pacte commissoire (2), nous
trouvons ces mots : *nisi intra certum diem pretium sit
insolutum*. On s'est demandé si la fixation d'un terme
était de l'essence du pacte, et si la convention serait
dénuée de tout effet en l'absence d'un terme apposé.
Remarquons de suite que ces cas seront assez rares,

---

(1) L. 72, pr., *Paulus, notat.*, Dig., liv. 18, tit. 1. *De cont. emp.*
(2) L. 4, D. h. tit.

les cas où un terme est fixé étant, par la nature même
des choses, de beaucoup les plus nombreux. A première vue on ne voit dans cette clause rien de contraire
aux principes. Cette clause présente même une utilité
dans le cas de ventes faites sans terme. En effet, il est
vrai de dire que le vendeur qui a livré peut reprendre
sa chose, et qu'il peut la revendiquer, mais nous avons
dit que cette revendication ne le libérait pas des obligations résultant de la vente, tandis que la clause
commissoire produisait cet effet. On cite quelquefois à
l'appui de cette opinion la loi 23, (Dig., *in fine*,
liv. 44, tit. 7, *De obl. et act.*). Mais elle semble étrangère à la question. En effet, si Africain dit bien que dans
le cas de compromis la peine est encourue après l'arrivée
du terme, et que s'il n'y en a pas de fixé il faudra
admettre un délai modique, *modicum spatium datum
videri*, prévoyant ensuite l'hypothèse d'une *lex commissoria*, le jurisconsulte dit bien : *hoc idem dicendum;*
mais on n'a pas remarqué qu'il suppose un terme fixé
dans cette clause commissoire; la phrase est en effet
*hoc idem dicendum, et quum quid eâ lege venierit, ut nisi
ad diem pretium solutum fuerit, inempta res fiat.* L'absence de texte ne semble pas devoir nous faire repousser
la validité de cette clause commissoire sans terme. Nous
verrons plus loin quel effet cela pourra avoir sur l'accomplissement ou l'inaccomplissement de la condition.

Mais il est une question plus délicate et plus débattue
sur le pacte commissoire. Les textes présentent la *lex
commissoria* comme étant une condition résolutoire.
Ulpien nous dit (1) : « *Si fundus commissoriâ lege ve-*

---

(1) L. 1, h. tit., Dig.

nerit, magis est ut sub conditione resolvi emptio, quam sub conditione contrahi videatur. » La question est la suivante : le jurisconsulte exprime-t-il ce fait qu'en général la vente est réputée faite sous condition résolutoire? ou bien édicte-t-il une règle à laquelle les parties ne puissent se soustraire?

On a quelquefois dit qu'à Rome il y avait eu controverse sur ce point entre les jurisconsultes, et à l'appui de cette opinion l'on cite la loi 2, § 3, *Pro emptore* (Dig., liv. 41, tit. 4). Rien ne nous paraît plus douteux; les deux lois que nous venons de citer peuvent très-bien s'expliquer sans qu'il y ait eu controverse à Rome sur ce point. Mais il n'en est pas de même entre les interprètes du droit romain.

Pour dire que la *lex commissoria* était une condition résolutoire, on argumente de la loi 1 *De lege commissoriâ* que nous avons citée, et qu'on rapproche de la loi 2, *De in diem addictione* (Dig., liv. 18, tit. 2), qui est du même jurisconsulte et où les termes sont tout à fait différents : « *quoties fundus in diem addicitur, utrum pura emptio est, sed sub conditione resolvitur, an vero conditionalis sit magis emptio, quæstionis est? Et mihi videtur verius interesse quid actum sit,* etc. »

Pour la *lex commissoria* le jurisconsulte dit : *Magis est ut sub conditione resolvi emptio quam sub conditione contrahi videatur,* ce qui, dans les habitudes de langage des jurisconsultes romains, équivaut à une affirmation très-nette. Plusieurs lois supposent que la clause commissoire opère comme condition résolutoire (1), notamment la loi 2, § 3, *Pro emptore* (41, 4).

---

(1) L. 4, 5, 8, h. tit. — L. 38, pr., *De minoribus,* Dig., liv. 4, tit. 4. — L. 23, *in fine, De oblig. et act.,* liv. 44, tit. 7.

Malgré cela nous ne pouvons adopter cette opinion. Tout d'abord on ne voit pas pourquoi il en serait ainsi, pourquoi les parties, qui peuvent user de l'*in diem addictio* comme clause résolutoire et clause suspensive, ne pourraient user de la *lex commissoria* que comme clause résolutoire. Mais, dit-on, il dépendrait alors de l'acheteur en ne payant pas de faire résoudre le contrat, ce serait une condition potestative de la part du débiteur, et on annule de pareilles conventions. En disant cela, on oublie seulement qu'il y a un autre élément dans l'accomplissement de la condition, c'est la volonté chez le vendeur de s'en prévaloir. S'il ne le veut pas, s'il conclut au payement, la condition ne sera pas réalisée : il est donc inexact de dire que c'est une condition potestative de la part du débiteur. Quant aux textes que l'on oppose, on ne conteste nullement dans notre opinion que la clause commissoire ne fût en général regardée comme condition résolutoire, qu'en cas de doute il y eût présomption en ce sens; mais de là à conclure qu'elle ne pouvait être que condition résolutoire, il y a loin. En faveur de cette opinion que la *lex commissoria* peut être soit condition résolutoire, soit condition suspensive, l'on peut argumenter de la loi 2, § 3, *Pro emptore* (Dig., liv. 41, tit. 4). Si Sabinus suppose que l'acheteur n'usucapera pas, c'est que la clause commissoire peut affecter la forme suspensive. Et Paul, dans la suite du texte, reprend Sabinus de la forme trop générale qu'il a donnée à la règle; il faut distinguer suivant que cette clause est une condition ou une convention. *Sed videamus utrum conditio sit hoc an conventio; si conventio est, magis resolvetur quam implebitur.* Cela prouve qu'en théorie au moins on pouvait voir là une condition suspensive.

En faveur de cette même opinion on a quelquefois
voulu argumenter de la loi 38, § 2, *Ad legem Falcidiam*
(Dig., liv. 35, tit. 2). Nous ne croyons pas que l'interprétation que l'on en donne ainsi soit exacte. Voici
l'hypothèse. Hermogénien, en se demandant de quoi se
compose le patrimoine du défunt pour le calcul de la
loi Falcidie, décide que l'on doit comprendre dans ce
patrimoine l'esclave dont l'usufruit appartient à un
autre; celui donné en gage est réputé dans le patrimoine
du débiteur, celui vendu avec pacte commissoire ou
in diem addictio, dans le patrimoine du vendeur. C'est
donc, dit Voët, que la condition était suspensive et non
résolutoire, car dans ce dernier cas c'est dans le patrimoine de l'acheteur qu'il eût fallu comprendre cet
esclave vendu avec clause commissoire (1), *ubi dum
Hermogenianus ait* sub lege commissoriâ distractum
in dominio venditoris connumerari, *hoc ipso aperte
significat conditionalem fuisse tunc venditionem ex lege
commissoriâ, cum utrobique toties quoties pura venditio est
non in venditoris sed emptoris dominio interim res empta
existat.* Cette explication n'est pas admise; il suffit de
remarquer qu'au *principium* de cette loi le jurisconsulte
décide que le *statu liber,* l'esclave affranchi sous condition
suspensive, ne compte pas dans le patrimoine du défunt,
et cependant, si la règle posée par Voët était exacte, il
devrait compter au même titre que l'esclave vendu
avec clause commissoire suspensive. Cette explication
de la loi 38 a été remplacée par une autre (2) qui nous
paraît également peu admissible. Si l'esclave vendu

---

(1) Voët, *Ad Pandectas,* liv. 1, p. 626. *De lege commissoriâ,* § 1.
(2) Molitor, t 1, n° 511.

avec clause commissoire est compris dans la masse,
c'est que, le prix n'étant pas payé, le vendeur ou son
héritier a une action soit pour obtenir le prix, soit pour
obtenir l'esclave lui-même, et l'on doit donc faire entrer
cet esclave dans le compte, car *is qui actionem habet
ad rem recuperandam ipsam rem habere videtur* (1).

L'explication la plus plausible de la loi 38 est la suivante (2) : dans le calcul de la loi Falcidie, il fallait tenir
compte des droits conditionnels; pour cela on pouvait
prendre la valeur vénale du bien. C'était l'héritier
qui supportait les risques : si la condition se réalisait il
avait tout, sinon il n'avait rien. On pouvait encore supposer la condition réalisée ou défaillie, et l'on tenait
compte de la valeur nominale. Alors les légataires et
les héritiers s'engageaient les uns envers les autres par
fidéjusseurs à se tenir compte de ce qu'ils auraient
reçu de trop. D'après cela, supposant la condition réalisée, le *statuliber* est réputé libre, il ne compte pas
dans le compte à faire; si la condition venait à défaillir,
l'héritier devait en tenir compte aux légataires. De
même, pour le cas de clause commissoire, on suppose
le bien rentré aux mains de l'héritier du vendeur;
mais si la condition vient à faire défaut, les légataires
s'engagent par fidéjusseurs à rendre ce qu'ils auraient
reçu de trop. Cette loi est donc complétement étrangère à la question de savoir si la clause commissoire
peut être suspensive ou résolutoire, à la volonté des
parties.

---

(1) L. 15, Dig., *De regulis juris*, liv. 50, tit. 17.
(2) Léveillé, *Inexécution des charges*, p. 35.

SECTION II.

ACCOMPLISSEMENT ET INACCOMPLISSEMENT DE LA CONDITION RÉSOLUTOIRE.

§ 1. — *Accomplissement.*

Il est évident que le premier élément de la réalisation de la condition, c'est le défaut de payement du prix ou d'une portion quelconque du prix (1). Mais à quel moment faut-il que la dette n'ait point été acquittée? Il faut distinguer suivant qu'il y a eu ou non un terme fixé.

1° *Un terme n'a pas été fixé.* — Il est évident que, si pour le payement un terme avait été fixé, le même terme devrait être sous-entendu dans la clause commissoire. Il faut donc supposer que la vente a été faite sans terme. Nous avons dit que cette clause, rare il est vrai, devait être permise en l'absence de textes formels en sens contraire, et qu'elle présentait un intérêt, quoique le vendeur fût resté propriétaire malgré la tradition, en ce sens qu'elle lui permettait de se dégager des obligations qui résultaient pour lui de la vente.

Le débiteur n'est en faute que lorsqu'il ne paye pas après une mise en demeure. C'est ce que décide Marcien (2). *Mora fieri intelligitur, si interpellatus opportuno loco non solverit; quod apud judicem examinabitur.*

Du reste à quel moment y a-t-il *mora*, c'est-à-dire faute du débiteur de ne pas payer? C'est, dit le jurisconsulte, une question de fait, *quam sit magis facti quam juris.*

Du reste, l'opinion la plus commune était que le ven-

______

(1) L. 6, § 2, h. t.
(2) L. 32, pr., Dig., *De usuris*, liv. 22, tit. 1.

deur devait laisser à l'acheteur un délai, très-court il est vrai, pour se libérer (1). — On a proposé de dire que ce délai serait de soixante jours, comme pour le cas où la vente est faite sous la condition « *si displicue-rit, res inempta sit* (2). » Mais on ne voit pas de bons motifs pour transporter ici cette décision, qui à sa raison d'être en cas de vente faite sous la condition *si non displicuerit res*. Il semble qu'il faille en revenir à l'opinion de Marcien : c'est une question de fait. Le juge estimera si le temps écoulé est suffisant.

2° *Un terme a été fixé*. — Nous avons dit que si un terme était fixé pour le payement et qu'il ne fût pas répété dans le pacto commissoire, il faudra l'y répéter. Mais il est possible que les parties aient fixé dans la clause commissoire un terme différent du premier. Il est possible que cette clause avec terme accompagne une vente faite sans terme. Cela n'a rien d'illogique. Cela signifie qu'il y aura un certain temps pendant lequel le vendeur ne pourra demander la résolution, alors qu'il pourrait poursuivre le payement.

Quand il y a un terme, il suffit que l'acheteur n'ait pas payé la totalité du prix avant le terme pour que la clause commissoire soit encourue. Un payement partiel fait avant le terme n'empêcherait pas le vendeur de pouvoir la demander (3). Il n'est pas nécessaire que le vendeur ait interpellé l'acheteur; à la seule échéance du terme, le vendeur a le droit de demander la résolution. L'on appliquait rigoureusement la règle *dies interpellat pro homine*. La question avait fait doute dans

---

(1) L. 25, *in fine*, Dig., *De oblig. et act.*, liv. 44, tit. 7.
(2) L. 31, § 22, Dig., *De ædilitio edicto*, liv. 21, tit. 1.
(3) L. 0, § 2, h. tit.

l'ancien droit, l'opinion qui avait fini par triompher est celle que nous indiquons. Ulpien (*libro* 32 *Ad edictum*) nous dit (1) : « *Marcellus dubitat, commissoria utrum tunc locum habet, si interpellatus non solvat, an vero si non obtulerit. Et magis arbitror offerre eum debere, si vult se legis commissoriæ potestate solvere.* » C'était aussi l'opinion de Scævola dans un cas plus délicat (2). L'acheteur, après avoir payé une partie du prix à son vendeur, était devenu cotuteur des enfants de ce dernier, et il n'avait pas payé le prix à ses cotuteurs et ne l'avait pas fait entrer dans ses comptes de tutelle. Scævola déclare la clause commissoire encourue.

Nous verrons à propos de l'inaccomplissement quel serait l'effet d'une interpellation adressée à l'acheteur.

Comme second élément nécessaire pour la réalisation de la condition résolutoire, se présente la volonté pour le vendeur d'en profiter. Cette condition est potestative de sa part : il a le choix de poursuivre le payement ou de demander la résolution. Ce second élément, nécessaire pour la réalisation de la condition, nous a fourni un argument pour réfuter l'opinion d'après laquelle la *lex commissoria* ne pourrait être condition suspensive. Le défaut de payement dépend de la volonté du débiteur, et les conditions potestatives de la part du débiteur sont nulles. Nous avons répondu que c'était inexact et que l'on oubliait cette autre condition, que le vendeur voulût s'en prévaloir, car s'il ne le voulait pas, la vente serait maintenue malgré l'acheteur (3).

---

(1) L. 4, § 4, h. tit. — L. 12, C., *De contrah. et comm. stip.*, liv. 8; tit. 88.

(2) L. 10, pr. Dig., *De rescind. vend.*, liv. 18, tit. 5.

(3) L. 2 et 3, h. tit.

Le vendeur ayant une option à faire, est-il tenu de la faire immédiatement, sous peine de voir l'acheteur lui opposer victorieusement des offres de payement postérieures à l'échéance du terme?

Africain nous dit à propos de la peine (1) : *De illo sane potest dubitari, si interpellatus ipse moram fecerit, an, quamvis pecuniam postea offerat nihilominus pœna committatur et hoc rectius dicitur.* Cependant l'on a dit que l'acheteur pourrait valablement offrir le payement si le vendeur ne faisait pas son choix de suite, et à l'appui de cette opinion l'on cite le passage suivant emprunté à Papinien et rapporté par Ulpien (2): « *Eleganter Papinianus libro tertio Responsorum scribit, statim atque commissa lex est, statuere venditorem debere, utrum commissoriam velit exercere, an potius pretium petere, nec posse si commissoriam elegit, postea variare.* » L'on argumente du mot *statim* pour soutenir que si le vendeur ne fait pas son option, il pourra se voir devancé par l'acheteur plus diligent. Du reste, dans cette opinion l'on va plus ou moins loin. Quelques auteurs enseignent que, quelque bref que soit le temps écoulé depuis l'échéance du terme, le vendeur peut se voir ainsi arrêté. Les autres accordent au vendeur un *modicum spatium* pendant lequel l'acheteur ne pourrait faire des offres valables; mais, s'il laisse passer ce délai, les offres auront valablement été faites. On argumente dans ce système de la loi suivante empruntée à Paul (3): *Si sine die constituas, potest quidem dici te non teneri, licet verba edicti late pateant; alioquin et confestim agi*

---

tecum poterit, si statim, ut constituisti, non solvas; sed modicum tempus statuendum est non minus decem dierum ut exactio celebretur. — Il est facile de répondre à cet argument. Dans la convention *constitutæ pecuniæ,* un terme est tellement de sa nature, que l'on doit en sous-entendre un quand les parties ont oublié de le fixer. Voilà ce que décide le jurisconsulte; en quoi cela peut-il avoir rapport avec la question que nous agitons? Après l'échéance du terme, le vendeur est-il en demeure de faire son option? Il faut donc écarter cette sous-distinction et adopter l'une des deux opinions extrêmes.

A l'appui de l'opinion suivant laquelle le vendeur doit faire son option *statim,* on cite des fragments où il est dit : *Offerendo moram purgat* (1). Mais ces textes doivent être écartés. Ils sont relatifs à la question de savoir si le débiteur ne peut purger sa demeure, et échapper ainsi aux risques qui sont passés à sa charge par suite de sa demeure. Ils sont étrangers à notre question.

Le résultat de cette doctrine serait, en définitive, de permettre à l'acheteur de payer avant que le vendeur se soit prononcé; ce serait, en réalité, en dénonçant à l'acheteur sa volonté, que le vendeur amènerait la réalisation de la condition. Cette doctrine n'est donc fondée que sur le passage de Papinien que nous avons cité. Il ne semble pas, en lisant attentivement ce passage, qu'on puisse y voir autre chose que cette idée, que dès que le jour est arrivé le vendeur peut faire son choix.

____

(1) *L.* 75, § 2, et 91, § 3, *De verb. oblig.,* Dig., liv. 45, tit. 1.

En faveur de l'opinion d'après laquelle l'acheteur ne pourrait valablement offrir après le terme, l'on peut citer la loi 23 (Dig., liv. 44, tit. 7, *De obl. et act.*), dont nous avons déjà fait usage. *Nam et si arbiter ex compromisso pecuniam certo die dare jusserit, neque per eum, qui dare jussus sit, steterit non committi pœnam respondit,.. Hoc idem dicendum, et quum quid ea lege venierit, ut, nisi ad diem pretium solutum fuerit, inempta res fiat...* Voici notre raisonnement : En cas de compromis, la peine n'est pas encourue s'il n'a pas dépendu du débiteur de payer au jour dit; il en est de même pour la vente avec clause commissoire. Par suite, si le débiteur était en faute, la peine serait encourue en cas de compromis, et en cas de vente la condition se serait réalisée. Cette dernière décision est formellement donnée, en cas de compromis, par Celsus et rapportée par Ulpien (1).

L'opinion qui nous semble la meilleure est que le débiteur ne peut purger sa demeure, et qu'après l'échéance du terme ses offres seraient tardives. Il peut seulement contraindre le vendeur à se prononcer en un sens.

§ 2. — *Inaccomplissement de la* lex commissoria.

Le défaut d'accomplissement peut résulter de l'absence de l'un ou de l'autre élément nécessaire.

Il est évident que le payement avant le terme enlève au vendeur tout droit de demander la résolution. Mais pour qu'il en soit ainsi, nous avons dit qu'il fallait que

---

(1) L. 23, pr., *De receptis qui arbitrium*, Dig., liv. 4, tit. 8.

3.

le payement fût intégral; un payement partiel n'enlè-
verait pas au vendeur le droit d'user de la clause.
Scævola (1) nous dit que le vendeur qui, après l'arrivée
du terme, a reçu *partem reliquæ pecuniæ* ne peut plus
s'en prévaloir, car il est réputé y avoir renoncé : c'est
donc qu'il l'avait.

Il se peut que, malgré le défaut de payement, le vendeur ne puisse invoquer la clause; cela se présente
quand le non-payement n'est pas imputable à faute à
l'acheteur. Ulpien nous dit : *Quod si non habet cui offerat posse esse securum* (2). — *Nec aliter non committi
stipulationem quàm si per debitorem non stetisset quo-
minùs solveret* (3).

Le vendeur ne peut se prévaloir du pacte commissoire quand il est en faute. — La loi 10, § 1, *De rescin-
denda venditione* (Dig., l. 18, tit. 5), prévoit une hypothèse. Un acheteur d'immeuble avait lieu de craindre
des troubles de la part de Numeria et de Sempronia; il
convient avec son vendeur qu'il gardera une portion
du prix tant qu'il n'aura pas reçu un fidéjusseur, et
après le vendeur convient avec l'acheteur que si cette
portion n'est pas payée à un terme, la vente sera résolue. Le vendeur triomphe de l'une des demanderesses,
et transige avec l'autre. Toute crainte d'éviction ayant
disparu, le vendeur ne fournit pas le fidéjusseur. L'a-
cheteur n'ayant pas payé au jour fixé, la question de
la résolution de la vente s'élève. Interrogé, Scævola
répondit que, puisqu'il avait été convenu que l'acheteur

---

(1) L. 6, § 2, h. tit.
(2) L. 4, *in fine*, h. tit.
(3) L. 23, *De oblig. et act.*, Dig., liv. 44, tit. 7. — L. 105, *De verb.
oblig.*, Dig., liv. 45, tit. 1. — L. 8, *De naut. fœnore*, Dig., liv. 22, tit. 2.

garderait l'argent tant qu'un fidéjusseur no serait pas donné *venditi causâ*, et qu'il n'avait pas dépendu de l'acheteur qu'il fût donné, il n'y avait pas lieu de prononcer la résolution.

La même solution doit être donnée toutes les fois que le vendeur n'a pas accompli ses obligations, toutes les fois qu'une fin de non-recevoir serait opposable à son action *venditi*.

De même si un créancier du vendeur avait fait entre les mains de l'acheteur une saisie-arrêt, ce dernier n'étant pas en faute, l'on ne pourrait demander contre lui la résolution de la vente (1).

De même si le vendeur était absent au moment du terme, et qu'il n'eût pas laissé de mandataire·à qui l'on pût valablement payer (2). Il en serait de même alors que l'absence aurait un motif légitime tel qu'il pût donner lieu à une *restitutio in integrum*. *Quid enim imputari ei, qui solvere, etiamsi vellet, non potuit* (3)? Seulement l'acheteur, dans ce cas, ne triomphera de l'action résolutoire intentée contre lui qu'en offrant immédiatement l'exécution de son obligation. Cependant, si l'absence avait été dolosive, c'est-à-dire faite dans le but d'agir à un moment inopportun, le défendeur pourrait triompher sans offrir le payement immédiat (4).

Il en serait encore de même si le vendeur était mort sans héritier, ou que l'héritier institué n'eût pas encore

---

(1) L. 8, h. tit.
(2) L. 4, § 4, h. tit.
(3) L. 17, § 3, Dig., *De usuris et fructibus*, liv. 22, tit. 1.
(4) L. 51, § 1, Dig., *De act. empti*, liv. 19, tit. 1.

fait adition, ou que l'héritier mineur se trouvât sans tuteur (1).

Mais dans les cas où l'acheteur ne trouve pas quelqu'un *cui offerat*, quelles sont ses obligations ? Il doit faire constater par témoins qu'il était prêt à payer. Mais doit-il faire une consignation ? La loi 8 de notre titre s'exprime ainsi : *Die statuto emptor testatus est se pecuniam omnem paratum fuisse excsolvere et sacculum cum pecuniâ signatorem signis obsignavit.* C'est sur ce texte qu'on s'est basé pour enseigner que la consignation était nécessaire, et l'on argumente par analogie de la loi 7 C., *De pactis inter empt. et venditorem.* (L. 4, tit. 54.)

Remarquons de suite que nous ne rencontrons pas dans les circonstances rapportées dans la loi 8 les éléments d'une consignation telle que l'entendaient les jurisconsultes romains (2), qui exigeaient un dépôt *tuto in loco.* Quant à la loi 7 (*De pactis inter*), elle traite du *pactum de retro vendendo,* du pacte de réméré. Il est question de savoir à quel moment le vendeur à réméré qui veut racheter sera libéré de son obligation de payer le prix ; c'est, répond l'empereur, après la consignation. Ici il s'agit de savoir à quel moment la condition résolutoire sera défaillie. Le vendeur encourant déchéance s'il *n'offrait pas* le prix, il lui suffira d'offrir ou de faire constater qu'il y était prêt, pour que la condition soit réalisée. En outre, la suite du texte (l. 8) montre bien qu'il n'y avait pas eu consignation, puisque

---

(1) L. 17, § 3, Dig., *De usuris et fructibus,* liv. 22, tit. 1.
(2) L. 30, *De solutionibus,* Dig., liv. 10, tit. 3. — L. 28, *in fine,* Dig., *De administr. tut.,* liv. 20, tit. 7.

le fisc, créancier du vendeur, fait saisie-arrêt entre les mains de l'acheteur.

Relativement à l'inaccomplissement de la condition résolutoire résultant de l'absence du premier élément nécessaire à son accomplissement, il nous reste à voir si l'acheteur pouvait être relevé de la déchéance qu'il avait encourue. La loi 38, *De minoribus* (Dig., l. 4, tit. 4), contient un cas de *restitutio in integrum* rapporté par Paul dans des termes tels qu'il faut n'y voir qu'une décision d'espèce. Une mineure avait succédé à l'acheteur sous pacte commissoire avant l'arrivée du terme. Les tuteurs n'avaient pas payé; le vendeur avait revendu à un tiers, et la mineure demandait une *restitutio in integrum;* l'empereur l'accorda, malgré l'avis de Paul, *quia lex commissoria displacebat ei.* Nous aurons à revenir sur cette loi; mais actuellement, la conclusion que l'on peut en tirer, c'est que, d'après les principes, il n'y avait pas lieu à *restitutio* en pareil cas, c'est-à-dire quand elle était encourue par un mineur héritier de l'acheteur majeur. Quant aux autres cas de restitution, il semble qu'il faille appliquer le droit commun.

Comme seconde cause de l'inaccomplissement de la condition résolutoire, nous trouvons l'absence du second élément nécessaire à sa réalisation : la volonté du vendeur d'en profiter.

Le vendeur a une option; mais une fois qu'il a pris un parti, il ne peut plus en changer. *Eleganter Papiniam libro tertio Responsorum scribit... nec posse, si commissoriam elegit, postea variare* (1).

---

(1) L. 4, § 2, D., h. tit.

Il n'est pas douteux que si le vendeur avait manifesté la volonté expresse de demander le prix, s'il avait renoncé à l'action en résolution, il ne pourrait plus l'invoquer. La renonciation à l'action résolutoire peut être tacite. Il suffit qu'il ait accepté partie du prix après l'échéance du terme. *Post diem lege commissoriâ comprehensum venditor partem reliquæ pecuniæ accepit; (Scævola) respondit, si post statutum diem reliquæ pecuniæ venditor legem dictam non exercuisset et partem reliqui debiti accepisset, videri recessum à commissoriâ* (1).

De même s'il y avait eu demande en justice et qu'il y eût eu *litis contestatio*, le vendeur ne pourrait, abandonnant la demande du prix, demander la résolution. Pourquoi cette décision rigoureuse du droit romain dans une matière tout en faveur du vendeur ? Cujas (2) dit que cette décision n'est que l'application d'une règle de droit, *bis non item*. Le président Favre l'explique en disant que le vendeur ne peut successivement arguer de la validité et de l'inexistence du contrat (3). Mais on peut lui répondre que, en invoquant la nullité, on invoque la clause du contrat qui permet de la demander, et qu'il n'est pas illogique de demander d'abord l'exécution d'un contrat et ensuite sa résolution quand la première demande n'a pas abouti. C'est la théorie du droit français ; l'explication, peut-être la meilleure, est historique. A l'origine, c'était par l'*actio venditi* que le vendeur faisait prononcer la résolution,

---

(1) L. 6, § 2, h. tit.

(2) Cuj., *in libro 3, Respons. Papiniani, ad* L. 1, § 2, *De lege com.*

(3) Favre, *Rationalia ad Pandectas, De lege com.*, L. 4, § 2, tome 5, p. 352.

et s'il avait commencé par demander le prix par l'action *venditi*, lorsqu'il voulait agir à nouveau pour obtenir la résolution, il aurait été repoussé par l'exception *rei in judicium deductæ* si c'était avant le jugement de la première instance, ou par l'exception *rei judicatæ* après le premier jugement. Quand plus tard on admit le vendeur à demander la résolution par l'action *præscriptis verbis*, la théorie était faite, et l'on n'admit plus le vendeur qui avait demandé le payement à demander ensuite la résolution. Le résultat eût peut-être été autre si à l'origine l'action *præscriptis verbis* eût seule existé à son profit.

A côté de la demande en justice se place la demande extrajudiciaire. Quel sera son effet? Il est assez difficile de dire quelle fut exactement sur ce point la doctrine romaine; il y avait eu controverse. Ulpien rapporte l'avis de Marcellus, qui exigeait, pour que la condition fût accomplie, qu'il y eût eu interpellation, mais c'est pour le repousser : *Marcellus dubitat, commissoria utrum tunc locum habet, si interpellatus non solvat, an vero si non obtulerit. Et magis arbitror offerre eum debere* (1). Ce qui signifie que certainement la demande extrajudiciaire ne faisait pas encourir, aux yeux de Marcellus, une déchéance au vendeur. Ulpien nous dit bien que l'interpellation n'est pas nécessaire, mais laisse entière la question de savoir quel serait l'effet d'une interpellation. Paul émet un avis dubitatif (2). L'hypothèse est celle-ci : Un mineur avait succédé à l'acheteur avec pacte commissoire et avant l'ar-

---

(1) L. 4, § 5, h. tit.
(2) L. 38, *De minoribus*, D., liv. 4, tit. 4.

rivée du terme. Au terme, les tuteurs ne payèrent pas. Le vendeur, *denuntiationibus tutoribus sæpe datis,* revendit le bien. Le mineur demanda la *restitutio in integrum,* et perdit son procès devant le préteur et le préfet de la ville. Il s'adressa à l'empereur, qui la lui accorda. Paul pensait que les premiers jugements étaient bons, mais il ajoute que l'opinion de l'empereur pouvait se défendre, *quod venditor denuntiando post diem, quo placuerat esse commissum, et pretium petendo, recessisse à suâ lege videretur.* Ce n'est cependant pas au fond son avis. *Putabam bene judicatum.*

Au contraire, Hermogénien tranche la question dans le sens de l'affirmative (1) : *Post diem commissoriæ legi præstitutum si venditor pretium petat, legi commissoriæ renuntiatum videtur, nec variare et ad hanc redire potest.* Remarquons que les textes de Paul et d'Hermogénien contiennent tous deux le mot *petere.* Il semble que ce soit cette dernière opinion qui ait fini par triompher.

Cujas n'admettait pas cette doctrine, qui était celle du président Favre (2).

Relativement à l'origine de la décision romaine sur l'effet de la demande en justice, nous ne pouvons pas invoquer l'argument *à fortiori* tiré de l'effet d'une simple demande extrajudiciaire que nous voyons être incertain.

---

(1) L. 7, h. tit.

(2) Favre, *Rat. ad Pand., De lege com.,* L. 4, § 4; Cujas, *ad lib.* 45, *De verb. oblig.,* liv. 84, tome 10, p. 543.

SECTION III.

DES EFFETS DE LA LEX COMMISSORIA.

Lorsque la *lex commissoria* avait été insérée dans le contrat de vente, celui-ci continuait à être régi par les mêmes principes. Si donc la vente était faite sans terme (ce qui était, nous l'avons dit, compatible avec la *lex commissoria* comprenant un terme), la tradition faite par le vendeur ne transférait pas la propriété à l'acheteur. Si, au contraire, le vendeur avait reçu quelque satisfaction, s'il avait suivi la foi de l'acheteur, celui-ci était devenu propriétaire.

Si la clause commissoire formait une condition résolutoire, l'acheteur avait l'action *empti* pour contraindre le vendeur à lui faire cette tradition. Si la chose était *mancipi*, et que la tradition eût été employée, ou si le vendeur n'était pas propriétaire, l'acheteur pouvait usucaper *pro emptore*, ce qu'il ne pouvait pas si la clause était suspensive.

Les risques sont pour l'acheteur ; si, *pendente conditione*, la chose vient à périr, le vendeur ne continuera pas moins à avoir droit à l'intégralité du prix.

En résumé, *pendente conditione*, les parties sont traitées comme si la vente était pure et simple.

Si la condition vient à défaillir, aucune difficulté ne se présente, la vente aura toujours été pure et simple, les obligations réciproques des parties sont délivrées de la condition résolutoire qui pesait sur elles.

Mais des difficultés se présentent si nous supposons que la condition résolutoire vient à s'accomplir. Nous aurons à voir d'abord quelle est la nature des actions que la loi reconnaît au vendeur, ensuite la situation des parties, soit vis-à-vis l'une de l'autre, soit vis-à-vis des tiers.

Il est un premier point dans cette matière très-difficile qui est universellement admis, c'est que le vendeur a une action personnelle contre l'acheteur. Quelle est-elle? Sur ce point il y a eu désaccord entre les deux écoles de jurisconsultes romains.

Les Proculéiens voulaient que la résolution ne pût être demandée que par l'action *præscriptis verbis* (1). Il y avait à leurs yeux quelque chose d'illogique à se servir, pour amener la résolution d'un contrat, de l'action destinée à sanctionner son exécution. Ils voyaient peut-être dans cette convention comme le germe d'un contrat formé *re;* lorsque les éléments nécessaires à la réalisation de la condition se trouvaient réunis, ce contrat pouvait se ranger dans la classe *do ut des* ou *do ut reddas*. On sait que l'école proculéienne n'admettait pas l'extension des actions de droit civil aux contrats voisins (2).

Les Sabiniens, au contraire, maintenaient l'action *venditi,* parce que la *lex commissoria* fait partie du contrat de vente, dont elle tire sa force (3). *Quia imo interdum format ipsam actionem, ut in bonæ fidei judiciis.* Lorsque l'on fait prononcer la résolution de la vente, on invoque toujours la convention intervenue entre les parties.

---

(1) L. 12, Dig., *De præscriptis verbis,* liv. 19, tit. 5.

(2) M. Léveillé, op. cit., p. 44. — L. 35, § 3, *De mort. causâ don.,* liv. 39, tit. 6.

(3) L. 7, § 5, *De pactis,* Dig., liv. 2, tit. 14.

Suivant Pomponius, il est inexact de dire que toute obligation entre l'acheteur et le vendeur est illicite (1). Cependant Javolenus dit qu'il n'y a pas à proprement parler de vente (2). Ils ajoutaient en outre que dans bien des circonstances où il n'y avait pas vente, soit qu'elle fût impossible, soit pour tout autre motif, on donnait l'action née de la vente (3).

Aucune de ces deux opinions ne triompha d'une manière absolue. Sévère et Antonin donnent l'action *ex vendito* (4), quoique, dit Ulpien, *finita est venditio*. Cependant, à propos du réméré, Alexandre Sévère donne au vendeur qui veut l'exercer le choix entre les deux actions (5), *actio præscriptis verbis vel ex vendito tibi dabitur*. — Il semble que le vendeur ait eu le choix et que les deux actions aient été consacrées.

Maintenant, quel est le caractère de ces actions *venditi* ou *præscriptis verbis?* Elles sont de bonne foi, mais peuvent-elles, dans le cas qui nous occupe, être arbitraires? On a quelquefois répondu qu'elles ne le pouvaient pas plus que les actions de bonne foi en général, les caractères d'actions de bonne foi et d'actions arbitraires étant exclusifs l'un de l'autre. Ce système ne semble pas devoir être adopté. L'action *depositi directa* est de bonne foi. Elle semble devoir être classée parmi les actions arbitraires (6). Et, en général, il faut recon-

---

(1) L. 6, § 1, Dig., *De cont. empt.*, liv. 18, tit. 1.

(2) L. 10, *in fine*, Dig., *De usurpat. et usuc.*, liv. 41, tit. 3.

(3) L. 62, § 1, Dig., *De cont. empt.* — L. 14, § 1, Dig., *De in diem addict.*

(4) L. 4, pr., h. tit.

(5) L. 2, C., *De pact. inter empt. et vend.*, liv. 4, tit. 54. — L. 6, Dig., *De rescind. vend.*, liv. 18, tit. 5.

(6) Gaï, C. 4, § 47. — L. 1, § 21. — L. 2?, Dig., *Depositi*, liv. 16, tit. 3.

naître le caractère d'action arbitraire à toutes les actions qui tendent à une restitution ou à une exhibition. Par suite, l'action *venditi* ou l'action *præscriptis verbis* données pour obtenir la restitution seraient arbitraires.

On a dit que non, en se basant sur des textes où il n'est nullement question, pour l'action *venditi*, du *jusjurandum in litem*. Mais ils sont relatifs au cas où l'action tend au payement du prix, et l'on conçoit qu'il puisse en être autrement quand l'action tend à la restitution de la chose. L'on peut ajouter que, si cette clause commissoire n'avait pas pour résultat de rendre arbitraire l'action née de la vente, si elle n'avait pas pour résultat de donner au juge le pouvoir d'ordonner la restitution, la clause commissoire aurait perdu beaucoup de son intérêt.

Faut-il restreindre cette règle au cas où le débiteur possède ou a cessé de posséder par dol? On a proposé de le dire (1). La nécessité n'en est pas évidente. En effet, s'il a cessé de posséder sans dol et qu'il soit ainsi dans l'impossibilité de satisfaire à l'ordre du juge, il sera condamné non sur le *jusjurandum in litem*, mais directement par le juge *in id quantùm venditoris interest*.

Ici se pose la question de savoir si ce *jussus* du juge peut être exécuté *manu militari*. Quelques auteurs pensent que oui (2). Cette opinion semble difficile à admettre, même à l'époque d'Ulpien. Si on pense que l'exécution forcée ne peut être poursuivie en général que quand le défendeur prétend être dans l'impossibi-

---

(1) M. Léveillé, *op. citat.*, p. 47.
(2) M. Léveillé, *op. cit.*, p. 50.

lité d'exécuter, alors que c'est faux (1), il n'est pas douteux que l'on ne pourra, ici comme ailleurs, poursuivre cette exécution que dans ce cas.

Mais si l'on pense avec la majorité des auteurs que l'exécution forcée était possible quand il y avait simple obstacle de fait, il faudra dire que l'action *venditi* arbitraire ne saurait être exécutée *manu militari*, parce qu'il y a obstacle de droit. Le *jussus* du juge n'est exécuté que lorsque l'acheteur a retransféré au vendeur la propriété, et l'on ne saurait comparer, en l'absence de texte, ce *jussus* au *secundum decretum possidendi*, dans la *cautio damni infecti*, et dire que le bien serait placé *in bonis* du vendeur, qui arriverait au *dominium* par l'usucapion.

A côté des actions personnelles que l'on est unanime à reconnaître au vendeur non payé qui demande la résolution, devons-nous rencontrer des actions réelles? Le vendeur a-t-il le droit par une action *in rem* de se faire restituer la chose vendue?

Remarquons de suite que cette action *in rem*, si nous devons en reconnaître l'existence, ne fait pas double emploi avec l'action *ex vendito*. La preuve à faire n'est pas la même. Tandis que dans l'action réelle le vendeur aura à faire la preuve de son droit de propriété, dans l'action personnelle il lui suffira de prouver la clause commissoire. Quant à la supériorité de l'action réelle sur l'action personnelle, elle est évidente. Tandis que l'une ne peut être exercée que contre le vendeur,

---

(1) M. Demangeat, *De fundo dotali*, p. 110 et suiv. — C. de dr. r., tit. 2, p. 587.

l'autre peut être intentée contre tout tiers détenteur. Cette supériorité serait encore plus grande si l'on ne devait pas admettre que l'action *venditi* peut être arbitraire.

Si nous devions reconnaître que l'action *in rem* n'a pas toujours été admise, il faudrait y voir un progrès en faveur du vendeur. S'il en était ainsi, à l'origine le vendeur qui rentrerait en possession du bien vendu rentrerait *ex causâ novâ* et serait obligé de respecter les servitudes et les hypothèques consenties par l'acheteur. Au contraire, à partir du moment où l'on aurait admis l'action réelle, le vendeur, invoquant son ancien droit de propriété, aurait le droit de méconnaître les droits qui grèveraient sa chose du chef de son acheteur. Peu importe, du reste, l'action par laquelle le vendeur serait rentré en possession.

La question de savoir si et à partir de quelle époque le vendeur a eu l'action réelle n'est pas encore tranchée entre les interprètes du droit romain. Voyons d'abord quelles sont les théories qui sont enseignées.

Trois opinions sont en présence.

Dans la première, on enseigne que toujours en droit romain les jurisconsultes ont admis le concours des actions personnelles et des actions réelles. Ce système fut celui des glossateurs. On s'attachait surtout aux expressions employées, et on les divisait en deux catégories : les unes, *verba directa*, impliquaient, en prévision d'un fait éventuel, la volonté chez les parties contractantes de faire produire à la convention un effet absolu, sans qu'il fût nécessaire d'obtenir une sentence. Les mots renfermaient *sententiam latam*, la résolution opérait *erga omnes, ipso jure*. Dans cette classe on rangeait les verbes employés au présent ou au passé.

Les autres, les *verba obliqua*, impliquaient avec moins d'énergie la volonté de produire l'effet du droit. Il faudra une sentence, *sententiam ferendam*. Il faudra une rétrocession, la résolution opère *prout ex nunc per sententiam*. Tels étaient les verbes employés au futur.

Là où les parties ont employé les *verba directa*, il y a action réelle; là où elles ont employé les *verba obliqua*, il n'y aura que l'action personnelle.

Cette théorie dut être complétée par l'addition des *verba communia*, qui comprenaient les expressions qui, suivant les circonstances, étaient rangées dans l'une des deux premières classes. En effet, on voyait dans les textes des *verba obliqua* produire l'action réelle, et des *verba directa* ne produire que l'action personnelle.

Dumoulin modifia cette théorie. Supprimant les *verba communia*, il divisa les *verba directa* en deux classes : l'une comprenait les *verba directa et resolutiva per propriam sui formam*, l'autre les *verba directa et resolutiva per antecedens necessarium*.

De nos jours, cette théorie, qui tend à prédominer en Allemagne, a été basée sur l'intention des parties en dehors des termes employés.

Dans *une seconde opinion*, on se refuse à reconnaître que jamais les Romains aient admis l'action réelle résultant de l'arrivée de la condition. Là où il y a action réelle, c'est, dit Cujas, que la possession de l'acquéreur était précaire; c'est, dit Pothier, que la condition était suspensive. Ces explications ont le tort d'ajouter aux textes que l'on étudie, ou de les restreindre à des hypothèses spéciales, alors que leur rédaction est générale.

Dans *une troisième opinion*, qui tend à prévaloir en France, il faut distinguer suivant les époques. A l'origine et aux yeux de la grande majorité des jurisconsultes, il n'y a jamais lieu à l'action réelle. L'opinion contraire, présentée dès l'époque classique par Marcellus et Ulpien, a triomphé sous Justinien. Seulement les compilations justiniennes renferment des vestiges de l'ancienne opinion. La question qui se présente à nous est générale et peut s'élever à propos de bien d'autres sujets. Elle est la suivante. Quand, à la suite d'une convention affectée d'une condition résolutoire, il y a eu translation de propriété, quelle action compète à l'aliénateur lorsque la condition vient à se réaliser (1)?

Il est certain qu'à Rome on admettait que la propriété fût affectée de condition résolutoire. Cela se présentait en cas d'aliénation sous condition suspensive, en cas de legs *per vindicationem* sous condition suspensive quand l'héritier avait fait adition avant l'arrivée de la condition. Mais admettait-on à Rome que *ab initio* la propriété que l'on acquérait pût être affectée d'une condition résolutoire, « que l'on pût dans l'acte d'alié- » nation insérer une clause en vertu de laquelle la » propriété se trouverait frappée entre les mains de » l'acquéreur d'une résolution ou extinction condition- » nelle? » (M. Bufnoir.)

On a quelquefois dit que l'obstacle résidait « dans la » combinaison de ces deux idées, d'une part que la » convention en vertu de laquelle l'*accipiens* aurait été » tenu, sous condition, de souffrir le retour de la

---

(1) Dans cette étude, où nous n'avons nullement la prétention d'apporter rien qui nous soit propre, nous suivrons pas à pas les développements qui lui ont été donnés par notre savant maître M. Bufnoir dans son ouvrage de la *Théorie de la condition en droit romain*. Voir M. Pellat, *De la Revendication.*

» propriété à l'aliénateur, ne peut sans l'emploi d'un
» mode légal la retransférer *ipso jure* à l'aliénateur ;
» d'autre part, que les modes requis pour la translation
» de propriété ne se prêtent pas aux modalités qui pour-
» raient soumettre la translation même de propriété à
» une résolution conditionnelle. »

La première proposition est incontestable. La seule convention à Rome ne suffisait pas pour opérer la translation de propriété. La seconde semble inexacte. En effet, le mode de translation n'étant pas purement consensuel, ne pouvait être soumis à une résolution consensuelle. Mais le droit qu'il avait pour résultat de produire aurait pu s'éteindre par l'effet de la condition résolutoire, si cela avait paru aux jurisconsultes romains compatible avec sa nature. Le retour de la propriété à l'aliénateur aurait pu résulter par la réalisation de la condition, soit de ce que le *negotium juris* qui avait produit la propriété était regardé comme non avenu, soit de ce que, le *negotium juris* restant pur et simple, le droit transmis, la propriété était regardée comme susceptible de s'éteindre par l'effet de la condition. La théorie romaine relative aux résolutions de contrat était que ne peuvent s'éteindre par l'effet de l'arrivée de la condition que les contrats consensuels, et l'acte juridique que produirait la translation de propriété n'était pas de cette espèce. Si donc nous reconnaissons que quelques jurisconsultes se refusent à ce retour *ipso jure* de la propriété par l'effet de la condition résolutoire, c'est qu'ils n'ont pas cru que le droit de propriété fût susceptible de s'éteindre de cette façon.

On voit aux fragments du Vatican (1) que l'on peut,

---

(1) § 18, *Vatic. fragm.*

4.

par une *in jure cessio*, établir un usufruit *ad conditionem*. Si donc la propriété avait été susceptible d'extinction *ad conditionem*, l'*in jure cessio, actus legitimus*,
aurait pu servir. Dans les textes où il est question de
retour *ipso jure* de la propriété, on ne distingue pas
suivant que l'aliénation a eu lieu par un mode solennel
ou non.

Jusqu'à Justinien, le legs de propriété *ad tempus* était
nul (1), et cependant le legs admet la condition résolutoire ou suspensive; cela tient à ce que la condition se
pose sur le droit légué.

« Voici donc désormais le problème nettement défini :
» il ne s'agit pas, il ne peut pas s'agir de la condition
» résolutoire affectant l'acte translatif de propriété; il
» s'agit de la condition résolutoire affectant la propriété
» elle-même. »

Est-il possible « de limiter *ab initio* la propriété dans
» les mains de celui qui l'acquiert, de telle façon qu'il
» n'ait jamais reçu qu'un *dominium* conditionnellement
» temporaire? »

Si c'est impossible, l'aliénateur ne pourra qu'imposer à l'*accipiens* l'obligation de lui retransférer la propriété, et il sera pour cette rétrocession l'ayant cause
de l'acquéreur.

Cette doctrine semble avoir été celle de bon nombre
de jurisconsultes, qui accordaient : en cas de donation à
cause de mort, sous condition résolutoire de prédécès
ou de révocation (2), soit l'action *ob rem dati re non
secuta*, soit l'action *præscriptis verbis :* en cas de vente

---

(1) L. 26, C., *De legatis*, liv. 6, tit. 37.
(2) L. 38, § 3, D., *De usuris*, liv. 22, tit. 1. — L. 13, pr. L. 18, § 1.
L. 35, § 3, L. 39, *De mort. causa, don.*, D., liv. 39, tit. 6.

sous condition résolutoire (réméré, *in diem addictio, lex commissoria*), l'action *ex vendito* ou l'action *præscriptis verbis* (1).

Nous voyons aussi les empereurs reconnaître cette théorie, que la propriété ne peut être transférée *ad tempus* (2).

Cette doctrine, d'après laquelle l'aliénateur n'aurait qu'une action personnelle, paraît avoir été contredite par Ulpien, qui accorde avec hésitation, il est vrai, l'action réelle. Cette hésitation est peut-être plus apparente que réelle, les jurisconsultes romains ayant en général l'habitude d'émettre sous forme dubitative des propositions très-certaines à leurs yeux.

Ulpien (3), à propos d'une donation à cause de mort, se demande quelle est la personne qui peut exercer les actions réelles. Il distingue : la condition est-elle suspensive? c'est le donateur, avant la réalisation de la condition; après, c'est le donataire; la condition est-elle résolutoire? c'est d'abord le donataire devenu propriétaire, et après, *potest defendi in rem competere donatori.* Dans la loi 30 il parle d'une action utile, *condictionem vel utilem actionem habet.*

A propos d'une vente avec condition résolutoire (4), il est plus affirmatif. Il accorde la *vindicatio,* et comme il est question d'un *fundus,* cela suppose que le mode translatif a été la *mancipatio* ou l'*in jure cessio.*

Le même jurisconsulte tire de sa doctrine la consé-

---

(1) Voir ci-dessus nos développements sur ces actions personnelles et les textes cités à l'appui. — L. 67, § 3, Dig., *De furtis,* liv. 47, tit. 2.

(2) § 283, fragm. Vat. — L. 26, C., *De legatis,* liv. 6, tit. 37.

(3) L. 29, L. 30, *De mort. causa don.,* liv. 39, tit 6.

(4) L. 41, D., *De rei vind,* liv. 6, tit. 1.

quence que les droits consentis par l'acquéreur *pendente
conditione* tombent avec le droit de l'acquéreur (1). Si
le créancier gagiste a vendu avec réserve pour le débiteur du droit de reprendre en restituant le prix, Ulpien
nous dit que le débiteur peut se faire céder les actions
par le créancier gagiste, ou les exercer directement
comme actions utiles, ou agir de son chef par la revendication (2).

Relativement à l'effet du retour de la propriété, qui
éteint les droits consentis par l'acquéreur, Ulpien appuie
son opinion sur celle de Marcellus.

Cela signifie-t-il qu'Ulpien accordait d'une façon
générale l'action réelle, et n'y a-t-il pas encore des cas
où l'on n'aura qu'une action personnelle? Il est certain
qu'Ulpien accorde toujours l'action personnelle, dans
laquelle la preuve à faire n'est pas la même, par laquelle
on peut obtenir des accessoires que ne procure pas
l'action réelle. Mais y a-t-il des cas où, dans la doctrine d'Ulpien, on ne doive accorder que l'action personnelle? Oui, tout d'abord dans tous les cas où l'obligation de rendre naît *quasi ex contractu*. Dans les
contrats innomés, quand la partie qui *dedit* n'obtient pas
l'équivalent en vue duquel elle a fait cette *datio*, elle agit

---

(1) L. 4, § 3, Dig., *De in diem addict.*, liv. 18, tit. 2. — L. 3, D.,
Quib. mod. pign. solv., liv. 20, tit. 6.

(2) L. 13, Dig., *De pign. act.*, liv. 13, tit. 7. — Pour expliquer ce
texte, Pothier suppose qu'une chose *mancipi*, donnée en gage, a été
vendue et livrée; le *dominium* est resté au débiteur, qui agit par
l'action en revendication et repousse l'exception *rei venditæ et traditæ*
par la réplique *pacti conventi*. On a proposé aussi de dire qu'il y avait
eu vente non de la chose mais du droit de gage. Mais dans ce cas il
n'est pas besoin d'une clause expresse pour que le débiteur puisse
reprendre sa chose; ajoutons que le débiteur devrait payer sa dette
et non le prix de la cession, comme le dit le texte.

par la *condictio ob rem dati re non secuta,* et non par la revendication (1). De même en cas de *datio dotis* antérieure au mariage, si le mariage ne se fait pas (2).

Il en serait de même si la convention portait que, si tel événement arrive, l'acquéreur revendrait à l'aliénateur pour un certain prix (3).

Nous venons de voir quelle était la doctrine d'Ulpien et de Marcellus. Faut-il, généralisant, dire que les jurisconsultes romains admettaient tous cette doctrine? A l'appui de l'affirmative, on cite un certain nombre de textes empruntés à différents jurisconsultes et qui semblent indiquer que telle était la doctrine de leurs auteurs. Scœvola (4) et Julien (5) emploient les mots *vindicare, vindicatio,* que l'on retrouve dans une constitution impériale (6). Le jurisconsulte Paul (7) décide que l'acquéreur d'une servitude sur un bien vendu sous condition résolutoire devra s'adresser au vendeur et à l'acquéreur pour avoir toute sécurité. Enfin la loi 1 (C. *De pact. inter.*) contient ces mots : *dominium ad te pertineret.*

Cette opinion semble difficile à admettre. En effet, si l'on admettait à Rome que la translation de propriété pût être faite *ad tempus* ou *ad conditionem,* on concevrait difficilement que le legs *per vindicationem* et *ad tempus* fût nul (8), qu'avant l'admission du contrat de gage le

---

(1) L. 4, C., *De rerum permut.,* liv. 4, tit. 64.
(2) L. 7, § 3, Ulpien, Dig., *De jure dot.,* liv. 23, tit. 3.
(3) L. 12, Dig., *De præscriptis verbis,* liv. 19, tit. 5.
(4) L. 8, Dig., h. tit.
(5) L. 14, Dig., *De mort. causa don.,* liv. 39, tit. 6.
(6) L. 4, C., *De pactis inter,* liv. 4, tit. 54.
(7) L. 9. pr., D., *De aqua et aquæ pluv.,* liv. 39, tit. 3.
(8) § 280, Vat. fragm. — L. 26, C., *De legatis,* liv. 6, tit. 57.

débiteur qui aliénait avec fiducie se fût contenté d'une action personnelle, quand les principes lui permettaient de se réserver une action réelle. Ajoutons qu'Ulpien, dans la loi 29 (*De mort. causa don.*) se sert d'expressions dubitatives. Il est vrai que dans la loi 41 (*De rei vindic.*) il est beaucoup plus affirmatif.

Enfin, il est des textes qui refusent l'action réelle. Tout d'abord la loi 3 au Code (*De pact. inter.*) refuse la *vindicatio* s'il n'y a pas eu tradition à titre précaire, et la clause du retour y est exprimée en termes aussi énergiques que dans la loi où Ulpien donne l'action réelle. Ajoutons cependant que dans la loi suivante le même empereur se sert du mot *vindicatio* dans un sens qui ne paraît pas être celui d'action réelle, quoiqu'il semble bien que dans la loi 3 le sens est celui d'action en revendication. On a cependant, pour concilier ces deux textes, proposé de dire que ce mot *vindicatio* signifierait l'action *ex vendito*, arbitraire qui compète au vendeur.

Mais il est un autre texte qui est formel en ce sens. C'est une loi de Pomponius (1) dans laquelle il suppose qu'un esclave soupçonné de vol a été livré au plaignant *in quæstionem sub ea causa, ut, si id repertum in eo non esset, redderetur.* L'esclave a été remis au magistrat comme coupable et mis à mort. Pomponius nous dit que Labéon donnait au maître l'action *ad exhibendum*, tandis que Proculus distinguait suivant qu'il y avait eu ou non translation de propriété; si oui, il refusait l'action *ad exhibendum*; si non, il donnait en outre l'action *furti.* La condition de retour est aussi nette

---

(1) L. 16, D., *De cond. causa data,* liv. 12, tit. 4.

que dans la loi 29 d'Ulpien, et en outre le jurisconsulte passe en revue toutes les hypothèses possibles; c'est donc qu'à son avis il n'y en avait pas où la propriété fît retour *ipso jure.*

Reste à expliquer dans notre système la présence de différents textes qui paraissent accorder une action réelle.

Les expressions de la loi 1 (*C. De pactis inter.*), *dominium ad te pertineret,* ne sont pas bien probantes; elles ne prouvent ni pour ni contre l'obligation de rétrocession.

La loi 4 au Code (*eod. tit.*) parle de *vindicatio,* mais la loi précédente du même empereur la refusait péremptoirement, ce qui établit une sorte d'antinomie entre ces deux textes.

La loi 8 de Scævola (*De lege comm.*) est plus difficile à expliquer, vu la rigueur que les jurisconsultes mettent dans leurs expressions. Cependant ces expressions: *Quæsitum est an fundi non sint in ea causa ut a venditrice vindicare debeant ex conventione venditionis,* peuvent s'entendre d'une action en restitution résultant de la convention.

Pour Julien (L. 14, Dig. *De mort. causa don.*), il vise peutêtre une donation sous condition suspensive. Il semble en effet que ce jurisconsulte n'admettait pas le retour *ipso jure* de la propriété. En dehors des textes où il accorde la *condictio ob rem dati* (1), il y a un texte d'où résulte qu'à son avis il n'y avait pas d'action réelle. C'est la loi 4 (Dig. *De don. int. vir. et ux.,* liv. 24, tit. 1) qu'il faut rapprocher de la loi précédente d'Ulpien. Tirant des conséquences de cette règle que les donations entre époux sont défendues, Ulpien décide (L. 3, § 11) que

____

(1) L. 13, L. 19, *De mort. causa don.,* D., liv. 39, tit. 6.

celui qui donne des écus à sa femme ne la rend pas propriétaire ; s'il ordonne à son débiteur de payer entre ses mains (§ 12), le débiteur est libéré, mais la femme n'est pas devenue propriétaire, ce qui était l'avis de Celsus. Et au § 13 Ulpien approuve Julien de donner la même décision, quand, au lieu d'être effectuée par un débiteur, la tradition était faite par un donateur à cause de mort. En effet, dit Julien (L. 4), le mari est devenu *pauperior*, dans tous les cas, soit que la première donation soit maintenue par le décès du donateur, puisque le mari n'a pas ce qu'il aurait dû avoir, soit que la donation soit révoquée, puisque le mari est tenu par la *condictio*. Prévoyant tous les cas, le jurisconsulte omettrait celui où le donateur agirait par la revendication contre la femme, c'est-à-dire le seul cas où le mari n'aurait pas été appauvri ; c'est ce qui est inadmissible.

Il nous reste à voir si véritablement Paul était de l'avis d'Ulpien. Il nous semble que non. En effet, Paul (1) décide que l'acquéreur sous condition résolutoire d'un esclave, en l'affranchissant, reste tenu de la *condictio*, tandis que d'après les principes, si l'aliénateur avait été propriétaire sous condition suspensive, l'affranchissement n'eût pas été valable, ce que décide Gaius (2). La conciliation de ces deux textes de Paul (3) est assez difficile, à moins qu'on ne suppose que l'*in diem addictio* qui modifiait la vente ne fût à ses yeux une condition suspensive. C'est peut-être un conseil de prudence qu'il donne à l'acquéreur de la servitude.

---

(1) L. 39, D., *De mort. causa don.*

(2) L. 29, D., *Qui et a quibus manumissi*, liv. 40, tit. 9.

(3) L. 9, pr. Dig., *De aqua et aquæ pluv.* — L. 39, Dig., *De mort. causa don.*

Nous avons essayé d'établir que si, à l'époque classique, la majorité des auteurs repoussait la théorie de la *translatio ad tempus,* Ulpien et Marcellus l'admettaient. Il nous reste à démontrer, contrairement à la troisième opinion sur cette question, que sous Justinien ce système a prévalu.

La loi 26 au Code (*De legatis,* liv. 6, tit. 37), que nous avons déjà citée, indique une innovation dans la jurisprudence, innovation qui paraît antérieure à Justinien. *Quum enim jam constitutum est fieri posse temporales donationes et contractus, consequens est, etiam legata et, fideicommissa, quœ ad tempus relicta sunt, ad eamdem similitudinem confirmari.*

En outre il suffit de rapprocher le § 283 (Vat. frag.) de la loi 2 au Code (*De donat. quœ sub modo,* liv. 8, tit. 35), pour s'assurer qu'ils reproduisent la même constitution ; seulement les fragments du Vatican contiennent le texte et le sens primitif, tandis que, au Code, nous ne trouvons qu'un texte modifié, dont le sens est complétement changé, pour le mettre en harmonie avec la législation nouvelle.

Il nous reste à voir une dernière question. Quel est au juste le système d'Ulpien? admet-il la *translatio ad tempus?* Admet-il la rétroactivité de la condition ? Le système adopté est celui de la *translatio ad tempus.* Depuis la tradition jusqu'à l'arrivée de la condition, l'acquéreur a été propriétaire, il a pu agir par la revendication, il a pu valablement consentir des hypothèques, des servitudes. Seulement les droits par lui consentis s'éteignent à l'arrivée de la condition. Pour démontrer qu'il en est ainsi, il suffit de rappeler la loi 2 au Code (*De don. quœ sub modo*) : *quum etiam ad tempus certum vel incertum ea fieri potest.* Le texte original des fragments du Vatican disait le contraire : *cum ad tempus proprietas transferri nequiverit.* Cela montre bien que c'était sur ce point de la *translatio ad tempus* que la question était posée.

De même, la loi 26 (*C. De legatis*) contient les termes *temporalia legata, temporales donationes.*

Dans les textes d'Ulpien nous trouvons encore une nouvelle confirmation de cette opinion : ..... *Post allatam conditionem jam non potest in rem actione uti..... uti in rem actione potest, postea non poterit* (L. 41, *De rei vindicatione*). — *In rem competere donatori, si quid horum contigisset, interim autem ei qui donatum* (L. 29, *De mort. causa. don.*)—*Rem pignori esse desinere..... quod emptor medio tempore dominus esset* (L. 4, § 5, *De in diem addict.*) — *Marcellus ait, finiri pignus, si melior conditio fuerit allata.* (L. 3, *Quibus mod. pign. solv.*)

Quelle différence y a-t-il entre ce système de la *translatio ad tempus* et celui de la rétroactivité? Pendant le temps intérimaire l'aliénateur non propriétaire ne peut consentir d'hypothèque ni de droits réels sur l'immeuble, dans le cas de *translatio ad tempus.* Si la propriété lui revenait rétroactivement il l'aurait pu. C'est là la différence entre ces deux systèmes, car, dans les deux, les droits consentis par l'acquéreur s'éteignent. Il est vrai qu'en droit, dans le système de la rétroactivité, ils n'ont jamais existé. Mais en fait ils ont été exercés; qu'importe au vendeur, puisqu'en tout cas il a le droit de les méconnaître?

Nous résumerons ainsi la théorie qui nous semble être celle du droit romain.

Le vendeur, lorsque la condition résolutoire se réalise, a une action personnelle pour contraindre l'acheteur à lui rétrocéder la propriété de la chose vendue.

D'après l'école sabinienne, cette action est l'action *ex vendito;* d'après l'école proculéienne, c'est l'action *præscriptis verbis.* Ces deux opinions ont été consacrées par les constitutions impériales, le vendeur a donc le choix. Dès l'époque classique, contrairement à l'opinion dominante, le vendeur a en outre une action réelle, la *rei vindicatio.* Cette opinion, d'abord soutenue par des jurisconsultes isolés, a été législativement consacrée et avait définitivement triomphé à l'époque de Justinien, dont les compilations contiennent encore des vestiges de l'opinion contraire.

DEUXIÈME POINT. — DROITS ET OBLIGATIONS DES PARTIES CONTRACTANTES ENTRE ELLES ET A L'ÉGARD DES TIERS.

§ 1. — *Obligations de l'acquéreur.*

L'obligation principale de l'acheteur est de restituer la chose qui lui a été livrée.

Il doit restituer les accroissements que la chose a pu recevoir (1).

Il doit également restituer les fruits (2), cela ne semble pas douteux; cela tient-il, comme l'a dit Neratius, à ce que *nihil pænes eum residere oporteret ex re in qua fidem fefellisset.* Mais comme la même décision est donnée à propos de l'*in diem addictio,* elle ne peut être défendue par les mêmes raisons. Cela tient à ce qu'en passant le contrat l'acheteur s'est tacitement obligé à restituer tout le profit de la chose; Seulement il faut

---

(1) L. 12, D., *De condict. caus. dat. caus. n. secut.,* liv. 12, tit. 4.

(2) Même loi. — L. 5, h. tit. — L. 4, § 4. L. 6, pr. *De in diem add.,* liv. 18, tit. 2.

entendre ici les fruits comme pour la pétition d'hérédité, déduction faite des frais de culture (1).

On a voulu cependant soutenir l'opinion contraire.
Seulement les textes (2) que l'on cite à l'appui ne s'oc-
cupent que des fruits pendant le temps intérimaire. Ce
qui le prouve, c'est que la loi 2 (*De in diem addict.*) est
d'Ulpien, qui, dans la loi 4, § 4 (*eod. tit.*), décide que
les fruits seront rendus, et que dans la loi 14, § 5 (*eod.
tit.*) Paul suppose que les fruits seront rendus, ce qui
contredirait la théorie par lui exprimée dans la loi 4
§ 4 (*Pro emptore*).

L'acheteur doit encore rendre à l'aliénateur tout le
bénéfice qu'il a pu retirer d'actions intentées par lui
à l'occasion du fonds, notamment les dommages et
intérêts obtenus par l'interdit *quod vi aut clam* (3).

Seulement l'acheteur qui aurait payé une partie
du prix aurait le droit de garder les fruits *quæ est
humana* (4).

L'acheteur peut encore être tenu, en vertu d'une
clause habituellement ajoutée au pacte commissoire,
de l'indemniser du préjudice qu'il éprouve en vendant
une seconde fois le bien à un prix inférieur. *In commissoriam etiam hoc solet convenire, ut, si venditor eumdem
fundum venderet, quanto minoris vendiderit id a priore
emptore exigat* (5).

---

(1) L. 36, § 5, *De hered. petit.*, Dig., liv. 6, tit. 3.
(2) L. 2, § 4, *De in diem add.* — L. 2, § 4, *Pro emptore*, D., liv. 41,
tit. 4.
(3) L. 4, § 4, *De in diem add.*
(4) L. 4, § 1, h. tit.
(5) L. 4, § 3, h. tit.

§ 2. — *Obligations du vendeur.*

Les droits du vendeur dérivent des obligations de l'acheteur, de même que les droits de l'acheteur sont réciproques des obligations du vendeur.

Le vendeur, soit qu'il agisse par l'action *venditi,* soit qu'il emploie l'action en revendication, devra restituer à l'acheteur les impenses nécessaires ou la plus-value résultant des dépenses utiles. Pour les impenses voluptuaires, il n'est pas tenu; seulement l'acheteur pourra les enlever, à la charge de ne rien détériorer (1).

Pour les arrhes, la question ne semble pas douteuse, le vendeur ne sera pas tenu de les restituer (2). *Et id quod arrhæ nomine datum esset apud venditorem remansurum.* L'on a cependant voulu restreindre cette solution au cas où il aurait été formellement stipulé dans le contrat, que le vendeur les garderait (3). Ce système nous paraît devoir être rejeté. Lorsque Scævola pose la règle (L. 6), il ne distingue pas suivant qu'il y a eu convention ou non, seulement il est évident que si la convention contenait une disposition contraire, il faudrait l'exécuter et le vendeur devrait les rendre.

Doit-il rendre les à-compte par lui reçus? Quoique l'on ait souvent dit que oui, l'opinion suivant laquelle le vendeur peut les garder est préférable. En effet, (L. 6, h. tit.), Scævola nous dit que *id quod arrhæ vel alio nomine datum esset, apud venditorem remansurum.* On a voulu restreindre aux épingles du contrat ces prestations comprises dans ces mots, *alio nomine.* Mais

---

(1) Arg. L. 27, § 5, Dig., *De rei vindic.,* liv. 6, tit. 1. — L. 16, Dig., *De in diem add.,* liv. 18, tit. 2.

(2) L. 6, h. tit.

(3) L. 8, h. tit. — L. 1, C., *De pactis inter.,* liv. 4, tit. 54.

cette restriction semble difficile à admettre en présence
de la loi 4 § 1 (h. tit.). *Sed quod ait Neratius, habet
rationem ut interdum fructus emptor lucretur, quum
pretium quod numeravit perdidit. Igitur sententia Neratii
tunc habet locum, quæ est humana, quando emptor aliquam
partem pretii dedit.* L'acheteur garde les fruits quand il
doit perdre une partie du prix, ce qui arrive quand il
l'a payée.

Contrairement à l'opinion généralement admise, il
nous semble que le vendeur doit supporter les risques.
Il est évident que *pendente conditione,* l'acheteur subit
la perte, en ce sens qu'il n'est pas libéré de son obligation de payer le prix. De même c'est lui qui les supporte, si la condition vient à défaillir. Mais nous supposons que la condition s'est réalisée. Ce sera un cas,
il est vrai, fort rare, le vendeur n'étant pas assez dénué
de sens pour demander la résolution d'un contrat dont
l'objet a péri. Pour soutenir l'opinion contraire on se
fonde sur cet axiome qu'on ne discute même pas :
*l'acheteur sous condition résolutoire est vendeur sous con-
dition suspensive :* c'est ce qu'il est difficile d'admettre.
Débiteur sous condition résolutoire, oui ; vendeur sous
condition suspensive, non : résolution n'est pas revente.
Il nous semble, avec M. Bufnoir, qu'à l'appui de cette
doctrine, que le vendeur supporte les risques, l'on
puisse citer quelques textes. Au Digeste, Justinien nous
dit, rapprochant deux passages de jurisconsultes différents : *et periculum ad eum (emptorem) pertinere si
res interierit* (Ulpien), *quoniam post interitum rei jam
nec offerri possit melior conditio* (Paul) (1). Pourquoi

---

(1) L. 2, *in fine.* L. 3, Dig., *De in diem addict.*

l'acheteur supporte-t-il la perte? c'est, dit Paul, parce que la condition ne peut plus se réaliser.

De même Pomponius (1) nous dit qu'en cas de clause commissoire, le consentement du vendeur est nécessaire, car sans cela *exusta villa in potestate emptoris futurum, ut non dando pecuniam inemptum faceret fundum, qui ejus periculo fuisset.*

De même que pour la perte totale, il faut dire que le vendeur supporte les détériorations, sauf évidemment celles qui sont le fait du débiteur (2), *videamus quemadmodum venditor agat... Itemque si deterior fundus effectus sit facto emptoris.*

§ 3. — *Droits du vendeur vis-à-vis des tiers.*

Le droit romain ne connaissait pas le principe, si favorable à l'agriculture, de maintenir les baux contre le nouvel acquéreur. Aussi, dans l'opinion suivant laquelle une retranslation de propriété était nécessaire, faut-il appliquer la maxime *emptori necesse non est stare colonum* (3). A plus forte raison le même effet devait-il se produire dans l'opinion suivant laquelle le vendeur était réintégré *ipso jure* dans son droit de propriété.

Quant aux jugements, il semble qu'il faille distinguer suivant que le vendeur a su ou non que l'acquéreur agissait; s'il a ignoré l'action, le jugement ne lui sera point opposable. Au contraire on pourrait s'en prévaloir s'il avait connu l'instance (4).

----

(1) L. 2, h. tit.
(2) L. 4, pr., h. tit.
(3) L. 0, C., *De locato*, liv. 4, tit. 65.
(4) L. 63. D., *De re judicatâ*, liv. 42, tit. 1.

Quant aux actes de dispositions, c'est ici le lieu d'appliquer les doctrines sur le retour de la propriété. D'après l'opinion suivant laquelle le vendeur n'a qu'une action personnelle, il devra respecter toutes les aliénations et les droits réels (gage, hypothèque, servitude) que le débiteur aurait pu consentir. Au contraire, dans l'opinion de Marcellus et d'Ulpien, ce vendeur peut les méconnaître (1).

Ces tiers pourront avoir, suivant les circonstances, un recours contre leur auteur.

---

(1) L. 4, § 3, *De in diem addict.* — L. 3, *Quibus modis pign. solv.*

DROIT FRANÇAIS.

En droit français, la vente est par elle-même translative de propriété. (Art. 1583.) « Elle est parfaite entre » les parties et la propriété est acquise de droit à l'é- » gard du vendeur dès qu'on est convenu de la chose » et du prix, quoique la chose n'ait pas encore été » livrée ni le prix payé. » (Conf. art. 1138).

Ainsi, se séparant du droit romain et de l'ancien droit, le législateur moderne donne à la convention des parties une force nouvelle, celle de transférer la propriété. Il faut avouer que la transition entre les législations avait été ménagée par une pratique constante, celle des traditions feintes qui étaient devenues de style. L'acheteur a donc pour se faire mettre en possession deux actions, l'une personnelle sanctionnant l'obligation du vendeur de livrer la chose, l'autre réelle résultant de ce que, par la seule convention des parties, la propriété a passé sur sa tête.

Pour le vendeur qui a perdu la propriété, quels sont ses droits? L'article 1612 lui reconnaît un premier droit, le droit de rétention. Si l'acheteur n'exécute pas ses obligations, le vendeur poursuivi par l'action en délivrance ou en délaissement peut retenir la possession de l'immeuble jusqu'au moment où l'acheteur exécutera. Mais s'il n'use pas de ce droit, quelle arme la loi lui donne-t-elle pour contraindre l'acheteur à payer le prix? Il est créancier du prix, et comme tous les créanciers, il peut user de tous les moyens de contrainte que la loi accorde aux créanciers en général, tels que saisie-arrêt, saisie mobilière ou immobilière, etc.

A côté de ces moyens d'action, là loi consacre à son profit deux garanties très-efficaces, le privilége et le droit de résolution. — Par le premier, le vendeur, qui saisit sur l'acheteur ou sur un tiers l'immeuble aliéné, peut sur le prix de vente se faire payer de préférence à tous autres créanciers. Par le second, le vendeur se fait considérer comme n'ayant jamais cessé d'être propriétaire et il rentre en possession de l'immeuble. Le contrat de vente est déchiré, l'acheteur n'a jamais été propriétaire, le vendeur n'a jamais cessé de l'être.

Le législateur a cru devoir réglementer ces droits, ce sont les dispositions qu'il a adoptées que nous nous proposons d'étudier. Nous commencerons par le privilége, qui garantit la créance du prix, le droit de résolution n'étant qu'une dernière ressource que la loi accorde au vendeur, qui sans lui serait menacé de perdre l'immeuble et le prix.

Auparavant il faut fixer d'une manière précise ce que l'on doit comprendre sous le nom d'immeubles, s'il faut entendre par là tous les biens que la loi déclare immobiliers ou seulement quelques-uns d'entre eux. En effet, si le droit de résolution, que l'article 1184 consacre pour tous les contrats synallagmatiques, reçoit son application dans toutes les ventes, il n'en est pas de même du privilége dont la nature et les effets varient suivant qu'il s'agit de biens meubles ou de biens immeubles. Nous déterminerons donc ce qu'il faut entendre par immeubles dans le sens de l'article 2103, c'est-à-dire ceux dont la vente donne naissance au privilége; nous n'étudierons le droit de résolution que pour ces ventes.

TITRE PRÉLIMINAIRE.

IMMEUBLES.

La loi décide que :

« Art. 2099. Les priviléges peuvent être sur les
» meubles ou sur les immeubles ».

« Art. 2103. Les créanciers privilégiés sur les im-
» meubles sont :

» 1° Le vendeur, sur l'immeuble vendu, pour le
» payement du prix. »

A ne s'en tenir qu'à ces dispositions, on serait amené
à dire que, toutes les fois qu'un bien que la loi qualifie
d'immobilier est vendu, il y aura lieu au privilége.
Cette conclusion serait, malgré son apparente rigueur,
complétement inexacte. En effet, après avoir, dans les
articles 2106 et suivants, réglé le mode de publicité
des priviléges, la loi, dans l'article 2113, décide que :

« Art. 2113. Toutes créances privilégiées soumises
» à la formalité de l'inscription, à l'égard desquelles les
» conditions ci-dessus prescrites pour conserver le pri-
» vilége n'ont pas été accomplies, ne cessent pas néan-
» moins d'être hypothécaires; mais l'hypothèque ne
» date, à l'égard des tiers, que de l'époque des inscrip-
» tions qui auront dû être faites ainsi qu'il sera ci-après
» expliqué. »

Il en résulte que le droit que la loi qualifie *privilége*,
est une hypothèque privilégiée qui perd ce caractère dans
certains cas, mais qui ne peut, en tant qu'hypothèque,
porter que sur les biens susceptibles d'être affectés de
ces droits.

Nous ne devons donc pas attacher au mot *immeuble*

le sens que la loi lui donne dans l'article 516 et comprendre tous les biens que la loi qualifie de biens immeubles dans les articles 517 et suivants.

Ne sont immeubles, dans le sens restreint que nous devons adopter, que les biens susceptibles d'hypothèque.

La loi, dans l'article 2118, déclare n'être susceptibles d'hypothèques que :

« Art. 2118. 1° Les biens immobiliers qui sont dans » le commerce, et leurs accessoires réputés immeubles;

» 2° L'usufruit des mêmes biens et accessoires pen» dant le temps de sa durée. »

Il semble que la question reste entière, puisque la loi emploie ici encore le mot *immeubles* sans le définir. Mais nous allons voir que, malgré la généralité des termes, le Code n'a entendu comprendre que quelques immeubles.

En effet, le droit d'hypothèque ou de privilége donne à celui qui en est titulaire le droit de saisir le bien hypothéqué, de le faire vendre aux enchères et de se faire payer sur le prix. Ne peuvent donc être susceptibles d'hypothèque que les biens susceptibles d'être mis aux enchères. Les servitudes réelles, les actions immobilières ne sont pas susceptibles de ce mode de vente. Si l'on rapproche l'article 2118 de l'article 2204 (sur l'expropriation forcée), l'on remarque que tous deux emploient des termes identiques.

Le Code reconnaît trois classes d'immeubles : les immeubles par leur nature, par leur destination et par l'objet auquel ils s'appliquent. Des lois postérieures ont créé une quatrième classe d'immeubles, ceux par la détermination de la loi : ce sont les actions de la Banque de France, des compagnies des canaux d'Orléans et du Loing, et les rentes immobilisées dans un

majorat. Passons en revue ces quatre classes d'immeubles.

IMMEUBLES PAR LEUR NATURE.

Art. 518. « Les fonds de terre et les bâtiments sont
» immeubles par leur nature. »

Art. 519. « Les moulins à vent ou à eau fixés sur
» piliers et faisant partie du bâtiment sont aussi im-
» meubles par leur nature. »

L'on admet généralement qu'au mot *et* il faut sub-
stituer le mot *ou*, et qu'une seule de ces conditions
suffit pour immobiliser le moulin.

Relativement aux fonds de terre et aux bâtiments, l'on
doit comprendre parmi les biens immobiliers les divers
modes de propriété que la loi reconnaît. Ce sont :

1° La propriété ordinaire, celle qui comprend le
dessus et le dessous. Cette propriété, susceptible d'hypothèque, est susceptible de privilége.

2° La propriété superficiaire, telle que celle qui peut
appartenir à celui qui est propriétaire de la maison
sans l'être du fonds, ou aux propriétaires des différents
étages d'une maison. L'article 664, réglementant cette
propriété, en reconnaît l'existence.

3° La propriété des améliorations faites par le preneur à convenant ou à bail congéable. (Loi du 19 avril
1831.) Celui-ci, propriétaire des constructions qu'il
peut élever sur le fonds, peut les hypothéquer.

4° La propriété souterraine acquise sous le sol d'autrui. (Art. 553 C. Nap.)

5° La propriété des mines exploitées en vertu d'un
acte du gouvernement, propriété différente de celle du
sol, même quand il appartient au concessionnaire de la
mine. (Loi du 21 avril 1810, art. 19.)

Art. 19. « Du moment où une mine sera concédée, » même au propriétaire de la surface, cette propriété » sera distinguée de celle de la surface et désormais » considérée comme propriété nouvelle... »

Art. 21. « Les autres droits de privilége et d'hypo- » thèque pourront être acquis sur la propriété de la » mine aux termes et en conformité du Code civil, » comme sur les autres propriétés immobilières. »

Le Code (art. 520, 521) assimile au fonds et déclare immeubles les bois, récolte et fruits encore pendant par branches ou par racine. Nous verrons plus loin si ces produits de la terre doivent être considérés comme étant propriété immobilière indépendante de celle du sol et si la vente qui en serait faite constitue une vente immobilière donnant naissance au privilége.

IMMEUBLES PAR DESTINATION.

La loi, dans l'article 524, énumère un certain nombre de biens qui, meubles par leur nature, deviennent immeubles quand ils sont attachés par le propriétaire à un fonds, soit pour son service ou son exploitation, soit à perpétuelle demeure.

L'article 525 énonce quelques caractères servant à guider le juge dans la question de savoir si le meuble est attaché à perpétuelle demeure. Cette question est avant tout une question de fait. Quelques auteurs enseignent cependant que les caractères énoncés dans l'article 525 sont limitatifs, et qu'en dehors d'eux l'on ne saurait prétendre qu'un meuble a changé de nature.

Mais il est bien évident que ces corps ne sauraient par eux-mêmes constituer des biens immobiliers, et que le propriétaire qui viendrait à les vendre séparément n'aurait point le privilége de l'article 2103, car alors ils reprennent leur caractère de meubles.

IMMEUBLES PAR L'OBJET AUQUEL ILS S'APPLIQUENT.

Art. 526. « Sont immeubles par l'objet auquel ils » s'appliquent :
» L'usufruit des choses immobilières;
» Les servitudes ou services fonciers;
» Les actions qui tendent à revendiquer un im-» meuble. »

Cet article, dans l'énumération qu'il fait des immeubles par leur objet, est incomplet. Il y est en effet question de deux classes de droits; les premiers portent directement sur l'immeuble, les seconds tendent à procurer à leur titulaire la propriété ou un des droits de la première classe.

Outre l'usufruit et les servitudes que la loi mentionne, il faut comprendre dans la première classe les droits d'usage et d'habitation. Le droit d'usage est-il susceptible d'hypothèque ou de privilége? Non; car ce droit, exclusivement attaché à la personne du titulaire, ne peut être aliéné ni par lui ni par ses créanciers. C'est donc avec raison que l'article 2118 ne le mentionne pas. Il semble que cette remarque était superflue. A quoi bon poser la question relative au privilége du vendeur, si le droit ne peut faire l'objet d'une vente? La réponse est qu'il est un cas où ce droit peut faire l'objet d'une vente, c'est celui où il est créé par l'acte même de cession.

Il faut donner la même décision pour les servitudes qui ne se conçoivent pas indépendamment du fonds auquel elles sont attachées. Séparée de lui pour être réunie à une autre, ce n'est plus la même servitude. Une nouvelle est née, l'ancienne est éteinte. En outre, trop peu de personnes seraient à même de profiter de la faculté de les acquérir. A Rome l'hypothèque de la servitude était admise en ce sens que le créancier pouvait recevoir de son débiteur le droit d'établir telle servitude s'il n'était pas payé. Ce droit était restreint aux servitudes rustiques des fonds italiques.

Du reste, ce que nous venons de dire des droits de servitude et d'usage ne s'applique qu'à ces droits considérés comme base principale d'un droit d'hypothèque ou de privilége. Il est évident que, si un fonds est vendu et qu'à son profit existe une servitude, et que l'acheteur en consente le rachat, ou si le fonds est libre et que l'acheteur consente une servitude, soit foncière, soit d'usage et d'habitation, le vendeur conservera son privilége intact, c'est-à-dire qu'il aura le droit de méconnaître ces aliénations. Mais ce ne sera jamais sur la servitude que le droit portera principalement, ce sera sur le fonds dont la servitude est considérée comme l'accessoire.

L'article 2118 mentionne l'usufruit. Que faut-il entendre exactement par là? Faut-il comprendre sous cette dénomination les droits de jouissance établis par la loi en faveur de la communauté ou du mari, suivant le régime de mariage, et en faveur des père et mère sur les biens de leurs enfants mineurs de dix-huit ans non émancipés? La question n'est autre que celle-ci : ces droits de jouissance sont-ils susceptibles d'être vendus ou saisis? Si on répond affirmativement, la conséquence sera que le mari ou le père aura pour le prix de vente privilége sur l'usufruit. Si, au contraire, on décide qu'à raison de leur qualité d'accessoire de la puissance paternelle ou maritale, accessoire non essentiel, il est vrai, mais simplement naturel, le père ou le mari ne peuvent les vendre, que leurs créanciers ne peuvent les saisir, on devra décider que le privilége du vendeur ne saurait les atteindre, par la raison péremptoire qu'ils ne sauraient faire l'objet d'une vente valable. Cette dernière décision nous paraît préférable. Cette défense de saisie ou de vente ne s'applique qu'au droit même et non aux fruits qui peuvent être vendus par le père ou le mari et saisis par leurs créanciers, pour ce qui excède les besoins du ménage ou de l'éducation de l'enfant. Mais, dans ce cas, la vente ou la saisie portent sur des meubles et non sur un immeuble.

La loi décide que l'hypothèque porte sur l'usufruit pendant le temps de sa durée, cela est raisonnable. Le créancier hypothécaire ou privilégié ne peut avoir plus de droits que son auteur, et lorsque le droit de celui-ci s'éteint, on comprendrait difficilement qu'il en fût autrement de l'autre. On discute, à propos de l'hypothèque, sur le point de savoir si le plein propriétaire en peut hypothéquer spécialement l'usufruit; la question ne peut se présenter pour le privilége du vendeur, puisque son droit ne naît qu'au moment où l'usufruit est détaché de la nue propriété. Mais ce qui pour le privilége comme pour l'hypothèque présente de l'intérêt, c'est la détermination exacte des modes d'extinction de l'usufruit qui éteignent en même temps les priviléges ou hypothèques. Supposons qu'un usufruitier vende son droit d'usufruit, ce que l'article 595 lui permet; sur cet usufruit il a le privilége du vendeur; quels sont les modes d'extinction de l'usufruit survenus depuis la vente qui préjudicient à ses droits? La mort du titulaire (qui peut être un autre que le vendeur), ou l'arrivée du terme fixé dans l'acte de constitution, ou la perte de l'immeuble, mettent évidemment à néant le privilége et tous les autres droits établis sur l'usufruit. Mais le tiers acheteur achète la nue propriété, ou au contraire vend à son tour son usufruit au nu propriétaire, ou même le tiers acheteur de l'usufruit est le nu propriétaire lui-même. Dans tous ces cas, l'usufruit est éteint, le propriétaire n'ayant pas sur la chose deux droits, la nue propriété et l'usufruit, mais un seul, la pleine propriété. Dirons-nous que le privilége de l'usufruitier vendeur est éteint? Ce serait contraire aux principes. En effet, l'ancien usufruitier a acquis, au moment de vente, sur l'usufruit un droit réel que l'acheteur ne peut compromettre par un acte postérieur. Ceci est généralement enseigné, même par les auteurs qui ne croient pas que le plein propriétaire puisse hypothéquer spécialement l'usufruit de son immeuble. La question serait plus délicate si l'acheteur était le nu propriétaire, car l'on peut dire que l'usufruitier a consenti lui-même à l'extinction du droit réel sur lequel aurait porté son privilége. La réponse est que le consentement à l'extinction n'a été donné que sous la réserve du droit garantissant sa créance.

La même solution doit être donnée quand l'usufruit s'éteint par suite de renonciation ou de déchéance prononcée contre l'acquéreur qui abuse de l'usufruit, c'est-à-dire que les droits consentis sur l'usufruit seront maintenus.

A côté de l'usufruit, la jurisprudence et beaucoup d'auteurs placent l'emphytéose comme droit réel susceptible d'hypothèques.

L'emphytéose était la concession d'un fonds (en général inculte) que l'une des parties livrait à l'autre, soit à perpétuité, soit pour un temps long, à charge de payer une redevance et, en général, d'améliorer le fonds par des constructions ou plantations. — Était-ce un bail ? Si l'emphytéote est tenu de payer le *canon emphytéotique*, il acquérait sur l'immeuble un droit réel. Il pouvait aliéner, hypothéquer, constituer des servitudes ou un usufruit ; il supportait les impôts, les grosses réparations. La perte partielle du fonds ou des récoltes ne lui donnait pas droit à une diminution de la redevance. Il exerçait les actions pétitoires et possessoires. Ce n'était pas un bail. — Était-ce un usufruit ? L'emphytéose ne s'éteignait pas par la mort du preneur, elle passait à ses héritiers. L'emphytéote était tenu des grosses réparations, pouvait souvent changer la substance de l'immeuble, pourvu qu'il ne le détériorât pas. Ce n'était pas un usufruit. — Ce n'était pas non plus la propriété, puisqu'il était tenu de payer une redevance et qu'il encourait *commise* de son droit en ne payant pas pendant trois ans, et que l'emphytéose pouvait n'être pas perpétuelle. — L'emphytéose était donc un droit *sui generis*. — Autrefois, quelques auteurs reconnaissaient que l'emphytéote avait un *domaine utile*. D'autres exigeaient, pour cela, que l'emphytéose fût perpétuelle. D'autres enfin enseignaient que, perpétuelle ou non, il n'y avait pas domaine, mais droit de jouissance. — La seconde opinion était la plus générale.

Le droit intermédiaire fit table rase de tous les démembrements de propriété qu'avait consacrés l'ancienne jurisprudence dans le but de permettre aux basses classes d'arriver à la propriété foncière sans que les classes élevées la perdissent complétement.

La loi des 18-29 décembre 1790 abolit la perpétuité des ventes foncières et les déclare rachetables. Elle interdit pour l'avenir la création de redevances foncières irrachetables « sans préjudice de baux à rente » ou emphytéoses et non perpétuels qui seront exécu- » tés pour toute leur durée, et pourront être faits à » l'avenir pour quatre-vingt-dix-neuf ans et au-des- » sous ». — L'emphytéose perpétuelle est donc seule proscrite. Cette loi ne déclarait pas nulle la constitu- tion d'une emphytéose perpétuelle; elle annulait seu- lement la clause par laquelle la redevance ne pouvait être rachetée, et assimilait le contrat à la vente de la pleine propriété à charge de rente perpétuelle.

Pour l'emphytéose temporaire, maintenue en 1790, les lois du 9 messidor an III et du 11 brumaire an VII, relatives au régime hypothécaire, la consâcrent formel- lement.

L'article 5 de la loi de messidor déclare susceptible d'hypothèque « l'usufruit (des biens territoriaux) résul- » tant seulement des baux emphytéotiques, lorsqu'il » reste encore vingt-cinq années de jouissance »; et l'article 6 de la loi de brumaire autorise l'hypothèque de « l'usufruit, ainsi que de la jouissance à titre d'em- » phytéose des mêmes biens pendant leur durée ».

Le Code a-t-il conservé l'emphytéose ?

La jurisprudence et beaucoup d'auteurs admettent que l'emphytéose a été maintenue par le Code. Deux motifs sont donnés à l'appui de cette doctrine. Le pre- mier est son utilité. Quand un bail à longue durée a été consenti, c'est en général que le preneur a l'inten- tion de faire des améliorations, et qu'il compte sur le long temps de sa jouissance pour rentrer dans ses dé- boursés; la faculté d'hypothéquer le droit qu'il a reçu sera pour lui une source de crédit dont il ne serait pas bon de le priver. Tout en reconnaissant tout ce que de pareilles considérations ont de sérieux, la réponse est qu'il n'est pas ici question de faire la loi, mais de l'interpréter. Le second argument sur lequel on entend baser le maintien de l'emphytéose est la non-abrogation de la loi de 1790. En effet, la loi du 30 ventôse an XII, abrogeant les lois antérieures dans les matières qui sont l'objet des lois composant le présent Code, a laissé intacte la loi de 1790 dans ce qui touche l'emphytéose, puisque le Code est muet. Cette manière de raisonner a paru inexacte à beaucoup de jurisconsultes. En effet, le Code statue sur les droits que l'on peut avoir sur les immeubles; il édicte un système complet, et l'on ne saurait conclure au maintien de l'emphytéose qu'autant que le Code l'aurait maintenue lui-même. Le silence du Code sur l'emphythéose équivaudrait à son exclusion du nombre des droits réels. Mais le Code s'est exprimé, au dire de certains auteurs. En effet, l'emphytéote a un domaine utile qui rentre dans la propriété dont parle l'article 543. Cela n'est pas admissible, pour deux raisons. La première se tire des précédents. En effet, autrefois l'opinion, la plus commune de beaucoup, était que l'emphytéose temporaire ne comportait qu'un droit de jouissance, et c'est ainsi que les législateurs de l'époque intermédiaire l'ont envisagé. Nous avons vu que les lois de messidor an III et de brumaire an VII la qualifie, l'une *jouissance*, l'autre *usufruit*. Le second motif est que l'emphytéose ne comporte pas de son essence le droit de modifier d'une façon absolue le bien dans lequel elle est assise, et à ce titre elle ne rentre pas dans la définition donnée par l'article 544 de la propriété : « droit de jouir et de

» disposer des choses de la manière la plus absolue ».

Est-il possible de faire rentrer le droit d'emphytéose dans l'*usufruit?* L'on se base surtout sur les termes de la loi de messidor an III, qui qualifie ce droit d'*usufruit,* et sur ceux de la loi de brumaire, qui la qualifie de *jouissance.* Il semble cependant qu'il faille dire que non. Remarquons d'abord qu'il est bien singulier que les législateurs, s'ils avaient entendu maintenir l'emphytéose, n'aient jamais prononcé son nom, alors que ce droit était connu et pratiqué dans l'ancienne jurisprudence. L'article 526 n'en parle pas dans l'énumération des biens immobiliers. On fait observer que cet article est incomplet, et qu'il faut y ajouter bien des choses, notamment le droit d'usage et d'habitation. La réponse est que ce droit n'est qu'un usufruit restreint, régi par les mêmes règles, sauf sur quelques points sur lesquels le Code s'est formellement expliqué. L'article 543 ne parle pas de l'emphytéose, et le mot de *jouissance* dont il se sert s'applique évidemment à l'usufruit dont il est question aux articles 578 et suivants. Enfin, et c'est peut-être l'argument le plus grave, l'article 2118 ne parle pas de l'emphytéose. Dans les articles 526 et 543, la loi énumère les droits réels. La loi, incomplète sur un point, pourrait l'être sur un autre; tandis que dans l'article 2118 le législateur énumère limitativement les droits susceptibles d'hypothèque. Dans l'ancien droit, on admettait que l'emphytéote pouvait hypothéquer; les lois de messidor an III et de brumaire an VII le disaient en termes formels. Comment admettre l'inexplicable silence du législateur dans l'article 2118 s'il entendait maintenir ce droit, et alors qu'il avait certainement sous les yeux les articles des lois précédentes, lois qu'il a en partie reproduites dans certains articles,

notamment dans l'article 2148? En un mot, le silence
du législateur sur une matière si importante, où il était
si nécessaire de régler d'une façon complète les droits
et obligations de chacune des parties, ne peut raison-
nablement s'expliquer que par la volonté de proscrire
ce droit. Que la proscription soit fâcheuse, soit; mais
on ne saurait aller à l'encontre sans empiéter sur le
domaine législatif.

On a voulu tirer en faveur de l'existence de l'emphytéose un argument de la loi du 23 mars 1855, qui,
dans son article 1er, § 1er, soumet à la nécessité de la
transcription les actes entre-vifs translatifs de propriété
immobilière et de droits réels susceptibles d'hypothèque. Qu'est-ce, a-t-on dit, que signifie ce pluriel,
s'il n'y a que l'usufruit? La réponse que l'on peut faire
est que le législateur de 1855 s'est référé au Code, et
l'on ne saurait admettre qu'il se soit servi du pluriel
pour trancher la controverse. Si tel avait été son but,
il se serait certainement exprimé autrement.

On a voulu écarter du débat l'article 2148. En effet,
les articles 526 et 543 sont incomplets; le droit d'usufruit ou de jouissance dont ils parlent comprend,
outre l'usufruit ordinaire, le droit d'usage et d'habitation. Tandis que dans l'article 2148 il est certain que
le mot *usufruit* est pris dans son sens restreint et n'est
pas susceptible d'extension. Dans cette opinion, l'emphytéose existerait, mais ne serait pas susceptible d'hypothèque. Comme nous ne nous occupons de l'existence
de l'emphytéose qu'au point de vue des priviléges et hypothèques, nous n'ajouterons rien, car cet argument
écarté, restent tous les autres. Nous ne ferons sur cette
opinion que la réflexion suivante :

La décision que l'on prête aux législateurs est dérai-

sonnable autant que son silence est inexplicable. En
effet, que dans une législation qui admet l'usufruit et
l'emphytéose, l'usufruit ne puisse être hypothéqué, cela
se conçoit à raison de la nature de ce droit, dont l'extinction dépend des caprices du hasard, la mort du titulaire ; la loi de messidor an III avait ainsi décidé.
Mais que ce soit précisément le droit le plus stable,
celui des deux qui présente le plus les caractères que
cherche le capitaliste qui veut faire un bon placement
hypothécaire, c'est ce que l'on ne peut admettre sans
taxer le législateur de défaut de jugement.

Pour nous résumer, nous dirons que le parti qui en
droit nous paraît le meilleur est celui-ci. L'emphytéose
n'est pas susceptible d'hypothèque, par suite la vente
de ce droit ne saurait pas donner naissance au privilége, par la raison que le législateur n'a pas reconnu
son existence comme droit réel.

La jurisprudence est fixée en sens opposé. Nous
croyons que sa doctrine serait bonne en législation. En
droit elle nous paraît mauvaise : *dura lex, sed lex.*

A côté de l'usufruit se place encore le bail. L'article
1743, qui impose à l'acheteur l'obligation de respecter
les baux consentis par son vendeur et qui ont reçu date
certaine avant la vente, a-t-il reconnu au preneur, locataire ou fermier, un droit réel? Ce droit réel est-il
susceptible d'hypothèque? Quelle que soit la réponse à
la première question, il semble que les termes restric-
tifs de l'article 2118 ne permettent pas l'affirmative
quant à la seconde. En effet, alors que le droit réel résulterait du bail, on ne saurait le comprendre sous le
mot *usufruit.* C'est ce qu'a reconnu l'auteur de cette
théorie de la réalité du droit du preneur. Mais pour
nous, la meilleure raison de dire que le droit au bail

n'est pas susceptible d'hypothèque, c'est que nous ne reconnaissons pas à ce droit le caractère de réalité nécessaire pour l'assiette de l'hypothèque. Sans vouloir entrer dans la discussion de cette question, nous dirons seulement que l'opinion suivant laquelle le preneur n'a qu'un droit personnel se base notamment : 1° sur la tradition ; 2° sur l'article 1709, qui définit le contrat de louage comme ne donnant naissance qu'à des obligations, et qui a été emprunté à Pothier, qui ne mettait pas en doute la personnalité du droit ; 3° sur l'article 1727, qui refuse au locataire le droit d'agir contre les tiers détenteurs ; 4° sur l'article 1719, qui oblige le bailleur à entretenir la chose louée ; 5° sur les articles (1769, 1770) autorisant le preneur à demander une diminution du prix en cas de perte par cas fortuit ; et 6° sur l'article 1722, dégageant le preneur de toute obligation en cas de perte.

Nous pouvons ajouter que, lors de la discussion de la loi du 23 mars 1855, il a été reconnu formellement par le rapporteur que le contrat de louage ne donnait naissance qu'à un droit personnel. Cette opinion semble avoir été partagée par le législateur, qui ne soumet à la nécessité de la transcription que les baux d'une durée de plus de dix-huit ans.

Le droit au bail n'étant pas susceptible d'hypothèque ou de privilège, la cession du bail faite par le preneur ne lui donne pas un privilège pour le recouvrement de sa créance.

Dans la première classe des immeubles par l'objet auquel ils s'appliquent, on fait quelquefois rentrer les droits réels, tels que l'hypothèque, l'antichrèse. Quel que soit le parti que l'on prenne dans la controverse qui existe sur ce point, il est certain que, n'étant pas mentionnés dans l'article 2118, ils sont exclus de la classe des biens susceptible d'hypothèque. Les cessions qui pourraient être faites de ces droits ne donnent pas au cédant un privilége pour le recouvrement de sa créance.

Dans la seconde classe des immeubles par l'objet auquel ils s'appliquent, la loi place les actions qui tendent à revendiquer un immeuble. Avant de nous demander si ces droits immobiliers sont susceptibles d'hypothèque, si la cession qui en serait faite donne naissance au privilége du vendeur, il importe de se fixer sur ce que la loi a voulu dire par ces mots : *actions qui tendent à revendiquer un immeuble.*

L'*action* est-elle un bien *sui generis* indépendant du droit qu'elle est destinée à protéger, ou n'est-elle que ce droit lui-même ? A Rome, où le titulaire d'un droit, pour contraindre un tiers au respect de ce droit, devait obtenir du préteur la délivrance d'une formule et la désignation d'un juge, à Rome où la loi avait pris soin de déterminer les cas où le préteur pourrait et devrait le faire, on conçoit que l'action, c'est-à-dire le droit d'agir en justice, fût considérée comme un droit indépendant du droit primitif. Mais dans notre organisation actuelle, dans laquelle, si peu fondée que soit une prétention, tout le monde peut, sans l'autorisation de personne, épuiser tous les degrés de juridiction pour en obtenir la reconnaissance, l'action est-elle un droit indépendant du droit que l'on veut faire respecter ? Les actions, a-t-on dit, ont été mises au nombre des biens parce que la réclamation forme pour le demandeur un véritable droit, celui d'obtenir justice des tribunaux. Cette réponse peut paraître insuffisante; on peut, en effet, ne voir là que la mise en exercice d'un droit social, celui d'obtenir justice des pouvoirs constitués et compétents, droit d'obtenir justice qui n'est pas un bien, mais un de ces nombreux droits que l'on peut qualifier de *sociaux*, car ils résultent de la vie en société. L'action n'est autre chose que le droit lui-même, envisagé dans l'état de lutte, de guerre, comme on l'a dit. En effet, faudra-t-il dire avec M. Pellat que le propriétaire d'un immeuble a dans son patrimoine un immeuble par nature, si son droit n'est pas contesté, ou un bien incorporel, dit action en revendication, si son droit est méconnu, ce que l'on ne saurait admettre? Devrions-nous dire que le propriétaire dont le droit est méconnu a d'une part la propriété que la contestation ne lui enlève pas et un second droit immobilier, l'action en revendication? Mais l'on ne saurait admettre, à côté de la pleine propriété, un droit sur l'immeuble qu'elle n'absorberait pas. Rejetant donc cette théorie, qui reconnaît dans les actions une classe de biens distincts des droits dont elles sont la mise en œuvre, il faut, pour trouver une interprétation raisonnable de la loi, reconnaître qu'ici le législateur s'est servi de termes impropres. Il faut traduire *action* par *droit* et *revendiquer* par *réclamer*, ce qui revient à dire que la loi reconnaît le caractère d'immeubles aux créances d'immeubles, créances fort rares dans notre législation, où les conventions ayant la propriété des corps certains pour objet, sont par elles-mêmes translatives de propriété.

Ainsi deux opinions : l'une reconnaît aux actions un caractère de patrimonialité indépendant du droit qu'elles garantissent; l'autre ne voit dans les actions que les droits que l'on met en œuvre.

Dans la première opinion, cette classe des immeubles par l'objet auquel ils s'appliquent comprend toutes les actions, tant réelles que personnelles, dont le but est de procurer au titulaire un droit réel immobilier.

Suivant la seconde opinion, il ne faudrait comprendre dans cette classe d'immeubles que les droits personnels ayant pour objet un droit immobilier.

Du reste, quelle que fût l'opinion, il ne semblait pas qu'à cette question : Les actions sont-elles susceptibles d'être hypothéquées? la cession qui en serait faite est-elle garantie par le privilége? il y eût une autre réponse que la négative. L'affirmative a cependant été soutenue. Remarquons qu'il n'est pas question de savoir si l'on peut hypothéquer l'immeuble, objet de l'action, l'affirmative ne fait doute pour personne, mais si l'hypothèque peut porter principalement sur l'action, considérée comme droit indépendant de la propriété qu'elle garantit. Pour soutenir que l'action peut par elle-même être hypothéquée, l'on fait remarquer que les articles 2092 et 2093 posent le principe que tous les biens du débiteur sont le gage de ses créanciers. Parmi ces biens se trouvent les actions (art. 526); si l'action porte sur les immeubles elle est immobilière (même article), et l'article 2204 reconnaît aux créanciers le droit de faire saisir tous les immeubles; si l'article a cru devoir faire un second paragraphe comprenant l'usufruit, c'est pour écarter les droits d'usage et d'habitation et les servitudes foncières. Les actions susceptibles d'être saisies immobilièrement sont par suite susceptibles d'hypothèque (art. 2118, 2204 C. Nap.).

Ces arguments ne nous paraissent pas décisifs. La première réponse qu'on peut leur faire, c'est que, l'action n'étant pas par elle-même un bien distinct du droit qu'elle sanctionne, l'hypothèque n'aurait plus d'assiette. Mais, même pour ceux qui reconnaissent à l'action le caractère de bien distinct du droit, ils ne sauraient la comprendre sous l'énumération de l'article 2204. En effet, au Code de procédure, nous ne voyons nulle indication des formes à suivre pour la saisie et la vente de ces actions; bon nombre de dispositions législatives relatives à la saisie immobilière supposent qu'il est question d'un immeuble corporel et seraient inapplicables à la saisie d'une action. Quant à l'argument des articles 2092, 2093, il ne prouve pas grand'chose. Ce n'est pas, en effet, déroger au principe que de refuser au créancier le droit de mettre aux enchères une action, un droit litigieux, car il peut l'exercer au lieu et place de son débiteur (art. 1166), et le bien une fois rentré dans le patrimoine de celui-ci, le faire vendre. On objecte que le créancier pauvre et ne pouvant pas faire l'avance des frais sera sans action sur son débiteur. Cet inconvénient est peu à redouter; si le droit de son débiteur est assez assuré pour qu'il voulût courir le risque d'un instant, il trouvera probablement des capitaux pour le faire. Il n'y a pas du reste à considérer que son intérêt, il y a celui du débiteur, qui pourra se voir dépouiller, souvent à vil prix, d'un droit qu'il pouvait être assuré de faire reconnaître. L'on peut ajouter que les articles 2118, 2204 tournent contre ceux qui les ont invoqués en faveur de la première opinion. Le premier paragraphe de ces articles vise les immeubles corporels, les immeubles par nature et les immeubles par destination. Des immeubles de la troisième classe, c'est-à-dire des immeubles incorporels, la loi ne vise que l'usufruit; ne parlant pas des autres, c'est qu'elle n'admet pas qu'ils puissent être saisis ou hypothéqués.

IMMEUBLES PAR LA DÉTERMINATION DE LA LOI.

Des lois postérieures au Code ont créé cette quatrième classe d'immeubles :

1° Le décret-loi du 16 janvier 1808 autorise l'immobilisation des actions de la Banque de France.

« Art. 7. Les actionnaires qui voudront donner à » leurs actions la qualité d'immeubles en auront la » faculté; et dans ce cas, ils en feront la déclaration » dans la forme prescrite aux transferts.

» Cette déclaration une fois inscrite sur les registres, » les actions immobilisées resteront soumises au Code » Napoléon et aux lois de privilége et d'hypothèque, » comme les propriétés foncières; elles ne pourront » être aliénées et les priviléges et hypothèques être » purgés qu'en se conformant au Code Napoléon et aux » lois relatives aux priviléges et hypothèques sur les » propriétés foncières. »

2° Le décret-loi du 1er mars 1808 autorise l'immobilisation des rentes sur l'État et des actions sur la Banque de France pour la formation d'un majorat.

3° Le décret-loi du 16 mars 1810 autorise l'immobilisation des actions ou coupons d'actions dans les compagnies des canaux du Loing et d'Orléans. L'article 13 les assimile aux actions de la Banque de France.

Ces droits immobiliers sont-ils susceptibles d'hypothèque? — La question ne peut naître pour les rentes immobilisées dans un majorat, puisqu'elles sont inaliénables. Pour les autres, il n'est pas douteux que l'hypothèque peut les atteindre; le décret est formel à cet égard. La cession qui en serait faite donne-t-elle naissance au privilége? La question est encore discutée

pour les actions des compagnies des canaux du Loing
et d'Orléans; avant la loi du 17 mai 1834, la question
s'élevait également pour les actions de la Banque de
France. On soutenait en effet que l'immobilisation de
ces valeurs cessait par cela seul qu'elles étaient aliénées. Cette doctrine avait pour conséquence que le
privilége immobilier de l'article 2103 ne pouvait les
atteindre, puisqu'elles étaient meubles dans le patrimoine de l'acheteur. Cette doctrine se basait sur le
silence de la loi relativement à la manière dont l'immobilisation pouvait cesser. L'immobilisation avait un
effet tout relatif, disait-on, et l'acheteur, qui voulait
leur conserver cette qualité, devait remplir les formalités prescrites. Cette doctrine n'est fondée ni sur les
principes ni sur les textes. L'immobilisation une fois
produite doit subsister tant que le titulaire n'a pas manifesté l'intention de leur rendre la qualité de meuble;
quand une cession est faite, c'est un immeuble que le
propriétaire aliène, et doit conserver ce caractère en
entrant dans le patrimoine de l'acheteur. Le décret de
janvier 1808, sur la Banque de France, applicable aux
deux autres valeurs d'après les décrets qui les constituent, soumet ces actions aux priviléges et hypothèques
que la loi civile reconnaît : parmi eux se trouve le privilége du vendeur, et l'on ne comprendrait pas qu'il
fût le seul qui ne pût les atteindre, l'on ne saurait voir
dans l'aliénation une volonté de mobilisation. Un puis-
sant argument d'analogie nous est fourni par la loi du
17 mai 1834 sur la Banque de France (art. 8) qui soumet ces actions à la formalité de la purge des priviléges et hypothèques avant que la mobilisation
puisse être produite.

Nous venons de passer en revue les biens immobiliers, et nous avons reconnu que malgré le terme de l'article 2118, nous ne devions reconnaître comme susceptibles d'hypothèques, et par suite des priviléges du vendeur, que les droits suivants :

1° La pleine propriété des biens territoriaux.

2° La propriété superficiaire soit principale soit accessoire d'un contrat de bail à convenant ou domaine congéable.

3° La propriété souterraine, notamment celle des mines, minières et carrières.

4° Les actions immobilisées de la Banque de France et des compagnies du Loing et d'Orléans.

5° L'usufruit des mêmes biens pendant le temps de sa durée.

Remarquons qu'il importe peu pour la validité de l'hypothèque ou du privilége que le droit que l'on a sur l'immeuble soit incommutable ou non contesté, ou qu'au contraire il soit suspendu par une condition ou résoluble, ou litigieux. L'article 2125 dit expressément que dans ces cas le droit consenti est affecté de la même modalité que le droit principal.

TITRE PREMIER.

PRIVILÉGE.

Le privilége est, des droits du vendeur, le premier qui se présente à l'étude. En effet, lorsqu'une vente a été consentie, le vendeur, pour arriver à se faire indemniser, cherchera naturellement à se faire payer; ce ne sera qu'à défaut d'autres ressources qu'il usera de la faculté de faire prononcer la résolution. Sur cette matière nous diviserons notre étude en plusieurs chapitres :

Chapitre Ier. Historique.

Chapitre II. Nature du privilége.

Chapitre III. De la vente et des contrats équipollents. — Des biens sur lesquels porte le privilége. — Des créances qu'il garantit. — Du privilége du prêteur de deniers.

Chapitre IV. De la conservation du privilége et de son rang.

Chapitre V. Fins de non-recevoir opposables à l'exercice du privilége du vendeur.

CHAPITRE PREMIER.

HISTORIQUE.

Nous croyons, suivant en cela la doctrine commune, avoir montré qu'à Rome le vendeur n'avait point de privilége, ni privilége proprement dit (*inter personales actiones*), ni hypothèque privilégiée.

Lorsque la vente était faite sans terme, la tradition de l'objet vendu, n'en transférait pas la propriété à l'acheteur. Il fallait payement. (L. 2, tit. 1, § 41. Inst. de Just.). Si la vente était faite avec terme, ou si, d'une façon quelconque, le vendeur avait suivi la foi de l'acheteur, la tradition lui faisait perdre la propriété, encore qu'il n'eût pas été payé. Le vendeur n'avait qu'une action personnelle. Pour sé garantir, le vendeur pouvait suivre plusieurs voies. La première consistait à retenir la chose vendue à titre de gage. Par une clause de constitut possessoire, le vendeur perdait la propriété, mais conservait la possession à titre de créancier gagiste, et avait sur elle les droits que donnait cette convention. Mais s'il avait un intérêt quelconque à se dessaisir de la possession, il pouvait le faire, en ayant soin de stipuler que c'était à titre précaire. Cette tradition ne produisait pas les effets de la tradition ordinaire, elle ne transférait pas la propriété à l'acheteur. Si celui-ci n'exécutait pas ses obligations, le vendeur pouvait rentrer en possession de la chose vendue. Il avait l'action en revendication. Au moment où l'acheteur les exécutait, par une transformation de sa possession, il acquérait la propriété. L'acheteur aurait pu acquérir la possession à un autre titre que celui de précariste, à titre de fermier, par exemple ; mais l'avantage que présentait le contrat de précaire, était que l'acheteur avait l'exercice des interdits possessoires.

Telle était la doctrine romaine dont notre ancien droit a hérité.

Dans les pays de droit écrit, la doctrine romaine avait subsisté, mais l'effet de la clause de précaire s'était modifié. Tandis que d'après les principes du droit classique, la clause de précaire donnait au vendeur le droit de revendiquer l'immeuble, dont il n'avait pas perdu la propriété, dans les pays de droit écrit, notamment dans les pays ressortissant au parlement de Toulouse, cette clause produisait des effets analogues à ceux d'un privilége : en effet, d'Olive dit dans ses *Questions notables* (t. II, ch. 17), en parlant de la clause de précaire : « Elle n'est pas en usage dans le commerce » pour empêcher l'effet de la vente en tradition de la » chose vendue, mais pour en faciliter l'exécution par » la sûreté du prix convenu... Ainsi faut-il avouer que » son effet n'est pas d'empêcher la translation de la » propriété et de la possession civile, et de la tenir en » surséance, jusqu'à l'entière satisfaction du prix ; mais » bien d'acquérir au vendeur, pour sa sûreté, une » hypothèque spéciale et privilégiée, qui lui donne le » droit de saisir et mettre en criée la chose vendue, » séparément des autres biens de son débiteur, pour, » des deniers qui proviendront de cette vente judiciaire, » être payé préférablement à tous autres créanciers » de son débiteur... Si nous donnions autre usage à » cette clause, nous donnerions aux vendeurs l'auto-» rité de revendiquer leurs biens, sans qu'ils fussent » obligés de se pourvoir par saisie pour le payement de » leur dû, et toutefois c'est à quoi la jurisprudence ne

» les admet pas, ne les considérant que comme créan-
» ciers privilégiés, non comme propriétaires. » M. G. De-
mante a constaté qu'à Toulouse, le contrat du prêt avec
subrogation au privilége du vendeur se nommait encore
« *placement sur précaire.* » M. Troplong a constaté également qu'en Corse, la clause de *réserve du domaine* n'était
autre chose que le privilége que le Code reconnaît au vendeur. Le même résultat, obtenu sous des noms différents,
dans des pays différents, prouve combien cette transformation était dans la nature des choses. En effet, la distance qui sépare la clause du précaire, réservant au
vendeur la propriété, de la clause du précaire, ne lui
réservant qu'un droit de privilége, est moindre en
réalité qu'en apparence. Le vendeur livre la chose
vendue, et réserve la clause de précaire, l'acheteur ne
le paye pas, le vendeur réclame la possession puisqu'il
est resté propriétaire; l'acheteur résiste, prétendant
qu'il n'est pas juste que l'immeuble qui a augmenté de
valeur reste entre les mains du vendeur. Le tribunal
intervient et, pour les mettre d'accord, ordonne la
vente de l'immeuble; sur le prix de vente, le vendeur
prélève le prix qui lui est dû, droit qu'on ne saurait
lui contester, puisqu'il est propriétaire; le surplus est
remis à l'acheteur ou distribué entre ses autres créanciers. Le droit de propriété du vendeur est méconnu
en ce sens que la vente lui est imposée, son droit est
reconnu en ce sens qu'il est payé de préférence à tous
autres. De là à lui reconnaître non la propriété, mais
une hypothèque privilégiée, il n'y a qu'un pas. Le pas
fut fait, d'autant plus que, propriétaire ou créancier
hypothécaire, il avait le droit de suite, c'est-à-dire la
faculté de contraindre les tiers détenteurs au délaissement. Le droit romain nous offre une transformation

analogue. Le contrat de fiducie y donne naissance au contrat de gage. A l'origine, le créancier qui exigeait une garantie ne pouvait la recevoir que par une translation de propriété accompagnée d'un contrat de fiducie, par lequel il s'obligeait à retransférer la propriété s'il était payé, sinon il avait le droit de garder le bien. Dans bien des circonstances, la chose ainsi livrée devait dépasser de beaucoup en valeur le montant de la créance, l'application rigoureuse du droit eût conduit à une iniquité choquante. Le préteur à dû, tout en reconnaissant la propriété du créancier, ordonner la vente et obliger le créancier, après avoir prélevé le montant de sa créance, à remettre l'excédant à son débiteur. L'on fut ainsi amené à ne voir dans la tradition faite par le débiteur qu'une translation de possession, donnant au créancier le droit de vendre et de se payer sur le prix. Dans ces deux cas, clause de précaire, contrat de fiducie, les inconvénients étaient les mêmes; le même moyen y a obvié, au grand avantage de tout le monde.

Restait un dernier progrès à faire, il fut fait. Les clauses de précaire étaient devenues de style. Le parlement de Toulouse estima qu'il était digne de sa prudence de la sous-entendre dans tous les contrats de vente, et de pourvoir ainsi à la sûreté des vendeurs de choses immobilières.

« Le vendeur, qui s'est contenté de la parole de
» l'acheteur, n'a, selon le droit romain, que l'action
» personnelle pour le payement du prix de la vente.
» Mais notre parlement, suivant l'équité naturelle qui
» ne souffre point que le vendeur demeure privé de la
» chose et du prix, a estimé qu'il était digne de sa
» prudence de pourvoir à sa sûreté pour le regard des

» choses immobilières qui sont ordinairement de plus
» grande importance que les autres; et, pour cet effet,
» à l'exemple des empereurs romains, qui, en plusieurs
» contrats, ont introduit des hypothèques et stipula-
» tions tacites, a voulu qu'en la vente des immeubles
» la clause de précaire fût toujours sous-entendue; ce
» qui est bien contraire au droit romain, qui ne pré-
» sume pas *precariam possessionem traditam esse a ven-*
» *ditore, nisi ita convenerit*..... Mais par la force de la
» clause de précaire, que notre parlement supplée en
» tous les contrats de vente des immeubles où elle est
» omise, le vendeur a une hypothèque spéciale et privi-
» légiée sur les biens vendus...»(D'Olive, liv. 4, ch. 10.)

Du reste cette jurisprudence n'était pas uniforme dans tous les pays de droit écrit. Le parlement de Bourgogne refusait tout privilége au vendeur et se conformait au droit romain.

Dans les pays de coutumes, le privilége rencontra plus de résistance à s'établir. Cela tint probablement à ce que la clause de précaire usitée au Midi ne fut pas d'un usage habituel dans le Nord. La coutume de Paris reconnut au vendeur de meubles un privilége (art. 177). Beaucoup de coutumes adoptèrent ce principe, qui fut reconnu si utile qu'on l'étendit aux coutumes muettes. Pour les immeubles, la coutume avait gardé le silence. Aussi, pendant quelque temps, le parlement appliqua purement le droit romain. L'inconvénient était du reste moindre qu'au Midi. Nous verrons à propos du droit de résolution que le droit de demander la résolution pour défaut de payement du prix avait été reconnu, tandis que le Midi exigeait que le pacte commissoire fût exprès. Un autre motif s'opposait à l'admission du privilége, c'était la faculté d'obtenir une hypothèque;

cette faculté n'existait pas pour les meubles; cela explique qu'on ait, de bonne heure, reconnu la nécessité de garanties spéciales pour les ventes de meubles, garanties dont la nécessité se faisait moins sentir pour les immeubles. Dans les pays de coutumes, en général, la maxime « Les meubles n'ont pas de suite par hypothèque » s'entendait en ce sens que le droit d'hypothèque ne pouvait les atteindre, ni quant au droit de préférence, ni quant au droit de suite. Le vendeur de meubles se trouvait, par suite d'une rigoureuse application du droit romain, dépourvu de toutes garanties. Pour les immeubles, au contraire, le vendeur avait la faculté de stipuler une hypothèque; toute facilité lui était laissée à cet égard, puisqu'il suffisait que le contrat de vente eût revêtu la forme authentique. Cette facilité d'obtenir hypothèque sur les biens du débiteur explique deux choses : que l'on ait été long à sous-entendre la garantie dans toutes les ventes et que l'hypothèque se soit convertie en privilége. La première proposition s'explique d'elle-même ; le vendeur est coupable de négligence de ne pas avoir stipulé cette hypothèque. Pour la seconde, il importe de savoir que l'hypothèque qui résultait pour le créancier de la forme authentique donnée au contrat était générale, en ce sens qu'elle portait tant sur tous les biens présents que sur tous les biens à venir. Quand un patrimoine était ainsi grevé de plusieurs hypothèques et qu'un bien était acquis, il était, sitôt son acquisition, frappé de toutes les hypothèques, qui conservaient quant à lui leur ordre de date, quoique en réalité elles ne l'eussent atteint qu'au même instant. D'après cela il est facile de comprendre la transformation de l'hypothèque en privilége. Le vendeur stipulant une hypothèque n'était pas sûr de ne pas être primé sur le

bien même qu'il aliénait par un créancier hypothécaire
antérieur. Un pareil résultat a semblé inique, aussi est-
on arrivé à dire que le vendeur aurait sur le bien aliéné
une hypothèque privilégée primant toutes les hypothèques antérieures. Du reste, si la forme employée
pour la vente lui donnait hypothèque générale, pour
les autres biens son droit ne prenait rang qu'à sa date.
Cette doctrine, que nous venons d'exposer sur le rang
des créanciers ayant hypothèque avant l'acquisition
des biens, contestée dans notre droit, était enseignée
par Pothier (*Traité des hypothèques*, chap. 2, sect. 3) :
« Quoique les hypothèques des créanciers d'un même
» débiteur dont les créances ont précédé l'acquisition
» de l'héritage faite par ce débiteur soient toutes nées en
» même temps, savoir lors de cette acquisition, n'ayant
» pu naître plus tôt, néanmoins, dans notre droit, ces
» créanciers ne viennent pas par concurrence, mais
» chacun selon l'ordre de la date de son titre, parce
» que le débiteur, en hypothéquant au premier ses
» biens à venir, s'était interdit le pouvoir de les hypo-
» théquer à d'autres à son préjudice, *et sic deinceps.* »
Cette règle, appliquée au cas où le vendeur était en
présence d'un créancier ayant hypothèque sur les biens
à venir, conduisait à un résultat choquant. C'est pour
l'éviter qu'on a reconnu au vendeur une hypothèque
privilégiée. Aussi Pothier dit-il (loc. cit.) : « Entre les
» créanciers d'un même propriétaire, celui qui a vendu
» l'héritage doit être préféré à tous ses autres créan-
» ciers. »

Au dernier état du droit le vendeur avait un privilége, nous venons de le voir. Ce privilége lui était reconnu par la loi, sans qu'il fût besoin de stipulation.
Pothier, sous la rubrique : *De l'hypothèque que produit*

la loi seule (Hypothèques, chap. 1, sect. 1, art. 3), dit
in fine :

« Telle est enfin celle (l'hypothèque) que le vendeur
» d'un héritage a sur cet héritage pour le prix qui lui
» est dû. Les lois romaines ne donnaient point cette
» hypothèque au vendeur; elle est de notre droit. »

Dans le droit intermédiaire, le privilége du vendeur
fut reconnu par la loi du 11 brumaire an VII (art. 29).
Nous aurons à revenir dans le courant de cette étude
sur la législation intermédiaire. Nous nous bornons ici à
cette mention.

CHAPITRE II.

NATURE DU PRIVILÉGE.

Le privilége est une hypothèque privilégiée, nous en avons déjà tiré une conséquence relativement aux biens sur lesquels il pouvait porter. Ce caractère du privilége, nous l'avons établi par la comparaison des articles 2103, 2106 et suivants, avec l'article 2113. Ce que nous venons de dire du privilége dans l'ancien droit nous fournit encore un argument à l'appui de cette thèse, qui n'est, du reste, contestée par personne. Pothier emploie, pour désigner le droit que notre législation qualifie de privilége, indistinctement les noms de priviléges et d'hypothèques privilégiées. En effet, nous lisons dans son *Traité des hypothèques* (chap. 2, sect. 3) :

« On ne suit pas, à l'égard de tous les créanciers,
» l'ordre de la date de leurs créances; cet ordre n'a lieu
» qu'entre les simples créanciers hypothécaires. Il y a
» certaines créances et certaines hypothèques privilé-
» giées qui ne s'estiment pas par leur date, mais par leur
» cause, et qui précèdent les autres créanciers, quoique
» antérieurs. On les appelle priviléges. »—Ainsi Pothier appelle privilége ou hypothèque privilégiée le droit, attaché à une créance à raison de sa nature, pour le créancier d'être préféré aux créanciers même hypothécaires antérieurs.

L'article 2094 décide que les causes légitimes de préférence sont les priviléges et les hypothèques.

« Art. 2095. Le privilége est un droit que la

» qualité de la créance donne à un créancier d'être
» préféré aux autres créanciers, même hypothécaires. »

On voit que le Code a emprunté sa définition à
Pothier. L'article 2113 prévoit le cas où un privilége
dégénère en hypothèque. Les termes que la loi emploie
sont formels quant à la nature du privilége : « Toutes
» créances privilégiées... ne cessent pas néanmoins d'être
» hypothécaires; mais l'hypothèque ne date, à l'égard
» des tiers, que de l'époque des inscriptions..... »

Le privilége n'est donc qu'une hypothèque privilégiée.
Cela ne peut faire doute.

Quelles sont les différences qui séparent le privilége
de l'hypothèque ?

Le première différence, la principale, est énoncée
par l'article 2095 : « Le créancier privilégié est préféré
aux autres créanciers, même hypothécaires », ajoutons
même antérieurs. Ainsi le rang des priviléges en concours, soit entre eux, soit avec des hypothèques,
s'estime non par leur date, mais par leur qualité.
(Art. 2095, 2096, cbn.)

La seconde différence est la suivante. Tandis que
l'hypothèque peut résulter soit de la loi, soit d'un jugement, soit d'une convention, les priviléges ne sont
établis que par la loi, qui a énuméré limitativement les
créances auxquelles elle attachait un privilége.

Nous ne mentionnons pas comme séparant le privilége et l'hypothèque cette différence que les priviléges
peuvent atteindre certains meubles, puisque nous
n'étudions que le privilége immobilier, c'est-à-dire
l'hypothèque privilégiée.

Quelques auteurs enseignent que les priviléges dif-
fèrent des hypothèques en ce qu'ils ne portent pas sur
les améliorations survenues à l'immeuble (art. 2133),

et que les intérêts des créances privilégiées ne sont pas soumis à la règle édictée dans l'article 2151. Nous nous réservons de discuter ces différences en temps et lieu convenables.

Nous restreignant au privilége du vendeur, nous signalerons dès à présent des différences qui le séparent d'une hypothèque ordinaire.

Tandis que l'hypothèque ne peut être conservée à l'égard des tiers que par une inscription (dont la date lui donne son rang), le privilége du vendeur peut être conservé par la transcription de l'acte de vente, alors même que le conservateur des hypothèques n'aurait pas pris d'office l'inscription conformément à la loi. (Art. 2108.)

Tandis que, depuis la loi de 1855, l'hypothèque ne peut être valablement inscrite que jusqu'à la transcription de l'acte de vente, le vendeur qui publie son privilége dans les quarante-cinq jours de la vente le conserve nonobstant toute transcription d'une sous-aliénation. (Art. 6 *in fine*.)

Telles sont les principales différences qui séparent le privilége du vendeur d'une simple hypothèque.

Quelle est la nature de ce privilége? C'est un droit réel.

Cette réalité n'est contestée en France que par un auteur (Marcadé), qui ne voit dans l'hypothèque qu'une obligation de la chose. Cette opinion semble impossible à soutenir en présence de l'article 2114 : « L'hypo-» thèque est un droit réel sur les immeubles affectés à » l'acquittement d'une obligation. » L'article 2166 décide que les créanciers ayant privilége ou hypothèque suivent l'immeuble en quelque main qu'il passe.

Ce droit réel est-il immobilier, est-il un démembrement

de propriété? Trois opinions sont en présence. Suivant la première opinion, le droit est purement mobilier; suivant la seconde, il est immobilier et constitue un démembrement de la propriété. Les partisans de la troisième opinion, tout en reconnaissant que c'est un droit immobilier, ne vont pas jusqu'à dire qu'il y a démembrement de propriété. Il y a, du reste, assez peu d'intérêt à n'admettre que la troisième ou la seconde, car les résultats de ces opinions sont les mêmes, et c'est plutôt une question de mots qu'autre chose. Mais la première opinion conduit dans certains cas à des résultats différents des deux autres.

Première opinion. Le droit d'hypothèque est un droit purement mobilier. En disant que l'hypothèque est un droit mobilier, on constate le fait le plus fréquent, car l'hypothèque accessoire de cette créance revêt complétement la nature de cette créance. La créance est-elle mobilière, le droit est mobilier; la créance est-elle immobilière, le droit est immobilier. En effet, les droits s'apprécient suivant les résultats qu'ils doivent produire. Les créances étant en général mobilières, le résultat de la mise en exercice de l'hypothèque est en général mobilier; l'hypothèque est donc mobilière.

Deuxième opinion. L'hypothèque est un droit immobilier. Dans l'opinion précédente, on attache une trop grande importance à ce fait que l'hypothèque est l'accessoire d'une créance. Il est certain qu'elle ne se conçoit pas sans cette créance, que tous les modes d'extinction de l'obligation entraînent comme conséquence l'extinction de l'hypothèque. Mais n'est-ce pas abuser de la maxime *Accessorium sequitur principale?* La loi elle-même reconnaît qu'autre chose est s'obliger, autre chose hypothéquer. Pour hypothéquer, il faut pouvoir aliéner.

L'hypothèque a des modes d'extinction spéciaux qui laissent subsister la créance. Quant à l'argument tiré de ce que les droits s'apprécient par leur résultat, il prouverait trop, car le résultat de l'usufruit est de procurer des fruits, et il n'est pas mobilier pour cela. On confond, ce nous semble, le résultat de l'action hypothécaire avec l'objet sur lequel elle s'exerce. L'article 526 dit que sont immobiliers les droits s'appliquant aux immeubles, et l'hypothèque s'applique à un immeuble. La conséquence de la première doctrine serait qu'un gage mobilier garantissant une créance immobilière serait immobilier, ce que l'on ne saurait admettre.

Troisième opinion. Faut-il dire que ce droit immobilier est un démembrement de propriété? On l'a soutenu. En effet, dit-on, quand l'hypothèque existe, le propriétaire ne peut diminuer par des changements apportés à l'immeuble le droit de son créancier. Il n'a pas la faculté, en cas d'aliénation, de fixer irrévocablement le prix. La propriété telle que la définit l'article 544 n'existe donc plus. Si on objecte qu'à Rome et dans notre ancien droit, qui suivait le droit romain, l'hypothèque n'était pas comprise dans les démembrements de propriété, on répond que cela tenait à l'origine prétorienne de ce droit, qui était sanctionné non par une action de droit civil, mais par une action *in factum*. Nous pensons que la question offre en définitive assez peu d'intérêt, et qu'une fois le caractère immobilier de l'hypothèque reconnu, c'est une pure question de mots de dire que c'est un démembrement de propriété ou simplement un droit réel. Peut-être même la controverse sur ce point tient-elle uniquement à un désaccord sur la définition du démembrement de propriété. Si l'on appelle

ainsi tout droit réel dont l'existence sur l'immeuble a
pour résultat de rendre la propriété moins absolue,
nous dirons que l'hypothèque est un démembrement
de propriété. Si, au contraire, on exige que le titulaire
du droit ait acquis dans une limite quelconque un des
éléments du droit de propriété, il semble qu'il faille
dire que l'hypothèque ne présente pas ce caractère.

La controverse ne présente quelque intérêt que sur
le point de savoir si c'est un droit mobilier ou immobilier. Suivant la première opinion, toute personne
pouvant disposer de ses meubles pourra renoncer à
l'hypothèque, ou, d'une façon générale, permettre
l'extinction de l'hypothèque indépendamment de la
créance. Dans la seconde opinion, au contraire, l'hypothèque, bien immobilier, ne peut être aliénée, séparée
de la créance que par ceux qui peuvent aliéner un
immeuble. Cette doctrine, à laquelle nous nous ran-
geons, peut sembler bizarre au premier abord. Comment
ne pas permettre, à celui qui pourrait céder toute la
créance, de subroger un tiers à son hypothèque ou à
son privilége ? La maxime « Qui peut le plus peut le
moins » n'a que faire ici ; les situations sont différentes.
Celui qui cède pour un prix fixé actuellement une
créance hypothécaire sait ce qu'il fait, l'aliénation
comporte avec elle la leçon. Au contraire, une subrogation, une remise de l'hypothèque peut amener de
grandes déceptions pour celui qui ne la consent que
par suite d'une confiance exagérée dans la solvabilité
de son débiteur. Celui qui cède une créance connaît
exactement la portée de son acte ; celui qui ne fait que
détacher de sa créance l'hypothèque qui la garantit
ne la connaît pas. Il n'y a donc rien d'extraordinaire
que la loi le protége contre un entraînement irréfléchi,

protection d'autant plus juste, qu'il est ici question de personnes incapables dans une certaine mesure, puisque la capacité d'aliéner les immeubles n'existe pas chez eux.

Il nous reste à examiner sur le privilége une dernière question. Est-ce un droit retenu sur l'immeuble? L'acheteur n'acquiert-il l'immeuble que déduction faite du privilége? Nous ne le pensons pas. En effet, si c'était un droit retenu, le vendeur ne pourrait être considéré, quant à lui, comme ayant cause de l'acheteur, certaines déchéances que la loi a édictées ne s'expliqueraient pas. Mais de tous les arguments que l'on peut opposer à cette doctrine, le plus sérieux se tire de l'article 2105. Le vendeur est primé par les privilégiés énumérés dans l'article 2101. L'on ne peut concevoir que le droit que le vendeur a toujours eu, pour lequel il n'est pas l'ayant cause de l'acheteur, doive céder devant des créanciers personnels de l'acheteur. Il faut donc dire que l'acheteur a acquis la pleine propriété, et que sur le bien l'ancien propriétaire a acquis un droit, le privilége, pour lequel il est l'ayant cause de l'acheteur.

Quant aux effets du privilége, il nous suffit de rappeler que c'est une hypothèque privilégiée. Le créancier a donc un droit de préférence et un droit de suite. Excepté le rang que la loi accorde au privilége, ses effets sont ceux de l'hypothèque. Nous n'avons pas à y insister davantage.

CHAPITRE III.

DE LA VENTE ET DES CONTRATS ÉQUIPOLLENTS. — DES BIENS SUR LESQUELS PORTE LE PRIVILÉGE. — DES CRÉANCES QU'IL GARANTIT.

SECTION 1.

DE LA VENTE ET DES CONTRATS QU'IL FAUT ASSIMILER A LA VENTE QUANT AU PRIVILÉGE.

L'article 2103, relatif aux priviléges sur les immeubles, s'exprime ainsi :

« Art. 2103. Les créanciers privilégiés sur les » immeubles sont :

» 1° Le vendeur sur l'immeuble vendu pour le » payement du prix... »

La vente d'un immeuble donne donc naissance au privilége. Nous avons au titre préliminaire examiné ce que nous devions entendre par immeubles. Nous avons réservé deux questions dont l'examen se place ici.

La première question est relative aux ventes de mines, minières, carrières.

Nous avons vu que la loi du 21 avril 1810 distingue les mines (*lato sensu*) en mines proprement dites, minières, carrières. Pour les premières, il faut un acte du gouvernement en autorisant l'exploitation. Pour les autres, cette autorisation n'est pas nécessaire. Le propriétaire peut exploiter lui-même, ou concéder à un tiers le droit d'exploiter. Pour savoir si cette concession donnera naissance au privilége, il importe d'examiner plusieurs hypothèses.

Si le droit d'exploitation est acquis à perpétuité,

il y a aliénation de la propriété souterraine, la vente sera garantie par le privilége, car la minière ou carrière forme une propriété distincte de la superficie et susceptible d'hypothèque. Il n'y a pas lieu de distinguer suivant que le prix est unique ou consiste en prestations périodiques.

Si le droit est concédé à perpétuité en faveur d'un fonds voisin, il y a bien aliénation d'une portion de la propriété, mais le droit acquis constitue, non une propriété distincte, mais un droit de servitude. Cette acquisition est bien soumise à la formalité de la transcription depuis la loi du 23 mars 1855, mais ne saurait donner naissance au privilége.

Si le droit est concédé pour un certain temps moyennant des arrérages, il ne faut voir dans ce contrat qu'un bail soumis aux règles ordinaires du louage. Si le prix d'aliénation était unique, il se pourrait, à raison des circonstances, que ce fût un droit d'usufruit; alors il y aurait lieu au privilége du vendeur.

Enfin, si le droit acquis par le tiers consistait à pouvoir enlever une quantité déterminée de matériaux, on ne saurait y voir qu'une vente de biens meubles, régie par les règles relatives à ce genre de contrat.

La seconde question qui se présente à notre examen, analogue à la première, est relative aux ventes de récoltes encore sur pied. La question se ramène à celle-ci : la vente a-t-elle pour objet un démembrement actuel de la propriété ou des choses futures? Le droit vendu est-il réel et immobilier, ou personnel et mobilier? L'on ne saurait admettre que cette vente a pour objet un démembrement de propriété *sui generis;* car, la constitution de la propriété foncière étant d'ordre public, il n'appartient pas aux simples particuliers de la modifier à leur gré. Peut-on faire rentrer le droit de l'acquéreur dans l'une des classes de droits réels établis par la loi? Ce n'est pas un droit d'usufruit, l'intention des parties n'ayant pas été que le droit fût éteint par la mort de l'acquéreur. Ce ne peut être qu'une propriété superficiaire. Mais est-ce ainsi que nous devons interpréter la volonté des parties? Évidemment non; le propriétaire du fonds n'a entendu concéder que deux droits, le premier, couper les arbres ou les récoltes, le second, les prendre une fois séparés du sol. L'opinion opposée conduirait en pratique à des impossibilités, puisque ces sortes de vente, qui ne rentrent que dans les actes d'administration, seraient interdites à ceux qui ne peuvent faire une aliénation immobilière. L'on conçoit que certaines de ces ventes soient interdites à des administrateurs de biens d'incapables, comme dépassant les pouvoirs d'administration que la loi leur reconnaît; telle serait la vente de coupes à faire dans une forêt non aménagée. Cette prohibition tient, non à ce que la vente est immobilière, mais à ce qu'elle entraîne destruction d'un bien formant capital. A l'appui de notre doctrine, qui ne voit dans cette convention qu'une vente de meubles futurs, nous pouvons citer la loi du 22 frimaire an VII sur l'enregistrement (art. 69, § 5-1°), qui ne soumet ces ventes qu'au droit de 2 pour 100, comme ventes mobilières. Le propriétaire qui aura fait cette vente n'aura point de privilége immobilier. Si le prix doit être payé auparavant, il peut s'opposer à la coupe, sinon il n'a plus que le privilége de l'article 2102-4°.

De même que la vente de récoltes encore sur pied, la vente d'une maison à démolir constitue aliénation de meubles à venir. Si l'on interdit de pareilles ventes au tuteur, au mari administrateur des biens propres de sa femme, c'est, non parce qu'elles constituent une vente immobilière, mais parce qu'elles dépassent les pouvoirs d'administration qu'ils ont reçus de la loi.

La loi, dans l'article 2103, parle de la vente. Faut-il assimiler à la vente d'autres contrats? En établissant le privilége, ce que la loi a entendu protéger, c'est la transmission de la propriété en échange d'autres valeurs. Il faut donc attacher le privilége aux conventions de cette espèce, encore qu'elles ne soient pas qualifiées ventes.

En principe, dans l'échange il n'y a point de privilége. La situation des coéchangistes est analogue à celle des parties dans la vente, quand le prix est payé au moment de la passation du contrat. Cependant il peut arriver, il arrivera même souvent que les biens échangés n'ont pas une valeur identique, il y aura alors une soulte qui devra être payée par l'un d'eux. La soulte est-elle garantie par le privilége? Nous pensons qu'il faut dire que oui. En effet, ici, bien que la convention soit qualifiée échange, il y a en réalité deux contrats, une vente, un échange. Il y a échange dans la limite de la valeur la plus faible des deux biens, vente dans la limite de la soulte. Nous ne pensons pas qu'il faille distinguer suivant que la soulte est plus ou moins considérable. On a, en effet, proposé la distinction suivante : ou bien la soulte est faible par rapport à l'ensemble du contrat, alors le contrat tout entier est un échange, et aux termes de la loi il n'y a pas lieu de reconnaître au coéchangiste, créancier de la soulte, un privilége pour garantir son payement; ou bien la soulte est considérable, elle dépasse, par exemple, la valeur de l'immeuble qui vaut le moins; dans ce cas c'est une vente, encore bien que le contrat ait été qualifié d'échange. Plusieurs reproches peuvent être faits à cette manière de voir. En effet, ce système présente les inconvénients attachés à des distinctions qui n'ont pas de base dans la loi. A quel moment s'arrêtera-t-on dans la concession du privilége? quel rapport devrat-on établir entre la soulte et l'un des immeubles en deçà duquel il y aura privilége, au delà duquel il n'y en aura pas? En outre, le point auquel on devrait s'attacher surtout est ici méconnu, c'est l'intention des parties. Il est tel cas où, la soulte étant faible, ce sera cependant une vente que les parties ont entendu faire; tel autre cas où, malgré l'importance de la soulte, c'est un échange à raison du prix que chaque partie attachait à la possession de tel immeuble. Il semble préférable de proscrire absolument toute distinction en cette matière, à raison des difficultés où l'on se trouve entraîné. Du reste, à l'appui de la doctrine que reconnaît le privilége en cas de soulte, on peut citer un texte de loi. Ce texte est, il est vrai, emprunté à une loi fiscale, et malheureusement nos lois fiscales se sont trop souvent écartées des véritables principes reconnus par le droit civil; mais ici, comme la distinction qu'elle établit n'est que la consécration d'une des doctrines, nous sommes en droit de l'invoquer. L'article 69, § 5, n° 3, de la loi du 22 frimaire an VII sur l'enregistrement, modifié par la loi du 16 avril 1824 (art. 2), s'exprime ainsi :

« § 5. Deux francs par cent francs.

» 3° Les échanges de biens immeubles. — Le droit » sera perçu sur la valeur d'une des parts, lorsqu'il » n'y aura aucun retour; s'il y a retour, le droit sera » payé à raison de deux francs par cent francs sur la

» moindre portion, et comme pour la vente sur le
» retour ou la plus-value. »

Ce n'est pas ici le lieu d'aborder les difficultés qu'a
soulevées cet article quant à la liquidation du droit.
Nous remarquerons seulement que dans la limite de la
moindre part la loi traite l'échange avec soulte comme
un échange, dans la limite de la soulte elle le considère
comme une vente, sans distinguer la valeur relative de
la soulte et des biens échangés.

Ce que nous venons de dire de la soulte doit-il se
répéter pour les dommages et intérêts auxquels l'une
des parties aurait droit en cas d'éviction? Il semble
qu'il faille dire qu'il n'y a pas privilége. En effet les
dommages et intérêts sont, non le prix de l'immeuble,
mais la réparation du dommage causé. La doctrine
contraire est cependant enseignée. Les dommages et
intérêts représentent, dit-on, le bien dont l'un des
coéchangistes est évincé; or celui-ci représentait le
bien qu'il a donné, donc les dommages et intérêts
représentent le bien donné. Ce syllogisme peut ne
point paraître concluant; car les dommages et intérêts
s'estiment à l'époque de l'éviction, et à ce moment les
biens échangés ont pu cesser d'être l'équivalent l'un
de l'autre. En outre, les dommages et intérêts représentent tout l'intérêt que la partie évincée avait à ne
pas l'être. Dans ce cas, il faudrait dans l'estimation du
dommage faire une distinction, d'une part le prix de
l'immeuble donné en échange, d'autre part les autres
éléments de l'indemnité, distinction que la loi n'a point
faite. (Art. 1705.) Nous ne pensons pas non plus qu'il
faille dire que la convention des parties sera soit un
échange, soit une vente; échange s'il n'y a pas éviction,
et, s'il y a éviction, vente sous condition potestative

pour la partie évincée de ne pas demander la résolution, vente dans laquelle le prix serait le montant des dommages et intérêts. Non, la partie évincée a le choix de demander la résolution ou de maintenir le contrat qui restera un échange, c'est-à-dire un contrat obligeant chacune des parties à procurer à l'autre la propriété de l'objet qu'elle livre, et les dommages et intérêts représentent la réparation du dommage causé par l'inexécution de cette obligation.

En cas de dation en payement, s'il y a lieu à un retour, la même solution doit être donnée, c'est-à-dire qu'il y aura privilége. L'article 1595 assimile la dation en payement à une vente. C'était également l'opinion de Pothier. (Vente, §§ 600, 601 et suiv., cbn. avec ch. 2, sect. 3, hypothèques.)

Une donation peut avoir été faite avec charge. Le donateur aura-t-il sur l'immeuble donné privilége pour l'exécution des charges? Les articles 953, 954 reconnaissent au donateur le droit de faire prononcer la révocation de la donation. Mais peut-il contraindre à l'exécution? Beaucoup d'auteurs enseignent la négative. Il y a donation, disent-ils; le contrat principal est un contrat de bienfaisance, et l'on ne conçoit pas qu'il puisse en résulter pour le donataire des obligations onéreuses pouvant dépasser le montant de l'avantage qu'il retire de la donation. Cependant dans l'opinion contraire on se base sur l'équité. Il y a bien donation, dit-on, mais cette donation est mêlée à un contrat à titre onéreux. En acceptant la donation, le donataire s'est obligé envers le donateur, il ne peut ensuite dépendre de sa volonté de se dégager de ses obligations. Si l'on admet la première doctrine, l'on ne peut soulever la question de savoir si le donateur aura privilége pour l'exécution des obligations. Mais dans la seconde opinion cela peut faire doute. Pour soutenir qu'il n'y a pas privilége, deux arguments ont été présentés. L'un se tire de l'article 2103, qui ne mentionne pas le donateur; le second se tire des articles 953, 954, qui, ne mentionnant que le droit de révocation, excluent le privilége. Ces deux arguments sont loin de nous paraître péremptoires. Le second, en particulier, signifie assez peu; en effet, ce n'est pas dans le titre relatif à la révocation des donations que la mention du privilége trouvait sa place naturelle. La loi mentionne l'inexécution des charges séparément de l'ingratitude pour consacrer l'ancienne jurisprudence, qui s'écartait en cela du droit romain où, ces deux causes de révocation étaient confondues. Quant à l'article 2103, la question est précisément de savoir si dans une donation avec charge l'on ne doit pas voir une vente dans la limite des obligations imposées au donataire. A l'appui de notre opinion, nous pouvons citer les précédents historiques. Pothier (Hypothèques, ch. 2, sect. 3), après avoir parlé de l'hypothèque privilégiée du vendeur, ajoute : « Ce que nous disons de la vente peut s'appli- » quer à *tous les autres titres d'aliénation* : celui qui a » aliéné un héritage, *à quelque titre que ce soit,* a, pour » toutes les charges de cette aliénation dont l'acquéreur » peut être tenu envers lui, une hypothèque privilégiée » sur cet héritage, semblable à celle du vendeur. Il y » a entière parité de raison. » Cet auteur, guide ordinaire des rédacteurs du Code, ne distingue pas, et les termes qu'il emploie sont aussi généraux que possible. Sa pensée se fortifie encore si on rapproche de ce passage les §§ 600, 613 et 614 de son *Traité de la vente.*

« § 600. Les actes et contrats qui ressemblent à la
» vente..... sont..... la donation onéreuse.....

» § 613. La donation onéreuse est la donation d'une
» chose qui est faite sous certaines charges que le do-
» nateur impose au donataire...

» § 614. Si les charges sont, à la vérité, appré-
» ciables en argent, mais d'une valeur moindre que
» l'objet donné, l'acte sera d'une nature mixte et tien-
» dra de la vente pour les deux tiers et de la donation
» pour un tiers (c'était le rapport entre le bien donné
» et le montant des charges, dans l'exemple cité par
» Pothier); et, en conséquence, le donateur sera tenu
» pour les deux tiers des obligations d'un vendeur. »

En présence de ces textes et de la volonté de ne
point innover formellement manifestée, il nous semble
difficile de ne pas reconnaître un privilége au donateur
avec charges.

Quelques auteurs proposent une nouvelle distinction.
Les charges consistent-elles en argent que le donataire
doit payer à un tiers, il y a privilége; sinon, point de
privilége. Nous avouons ne trouver dans la loi aucune
disposition pouvant servir de base à ce système. Pourquoi distinguer suivant que les charges consistent en
argent ou en objets autres? Pourquoi distinguer suivant
que ces charges sont imposées en faveur du donateur
ou d'un tiers?

Pour l'acheteur à réméré, l'on est d'accord qu'il n'a
point de privilége sur l'immeuble repris par le vendeur
pour le prix que celui-ci est obligé de lui restituer. Il
pouvait profiter du droit de rétention que lui reconnaît
l'article 1673. Sinon, il n'a qu'une action personnelle.
En effet, il y a *distractus potiùs quàm contractus*.

SECTION II.

DES BIENS GREVÉS DU PRIVILÉGE.

Le privilége ne porte que sur les biens qui ont fai
l'objet de la vente. Le privilége ne s'étendra donc pa
aux biens que l'acheteur pourrait avoir ajoutés à l'im
meuble vendu pour en faire une seule et même pro
priété. Si l'on n'a vendu qu'une portion de l'immeuble
le privilége ne s'étendra qu'à cette partie.

Nous avons à voir si le vendeur a un privilége quan
la vente a porté sur une *universitas* comprenant de
meubles et des immeubles, par exemple une hérédité
On pourrait dire, pour lui refuser le privilége, qu'il
vendu non tels et tels biens, mais ses droits hérédi
taires. Cette manière de raisonner nous semble défec
tueuse; car ces droits héréditaires, dont on voudrai
faire des biens ayant une existence propre, ne se com
prennent pas indépendamment d'objets sur lesquels il
portent. Il y aura donc, selon nous, privilége. Mai
pour combien chaque immeuble sera-t-il grevé? I
semble impossible de dire que chaque immeuble ser
grevé pour la totalité du prix de vente. Une hérédit
n'est pas comme une propriété composée de plusieur
éléments ayant une existence propre, mais dont la réu
nion forme un tout, telle que serait une ferme qu
plusieurs parcelles de terre composent par leur réu
nion et qui sont, on peut le dire, comme les diver
membres d'un même corps.

Une hérédité est un ensemble de droits qui se trou
vent réunis sur une même tête en vertu d'une mêm
qualité, mais qui n'ont aucun autre lien entre eux. I
faudra donc faire une sorte de ventilation pour déter
miner la somme pour laquelle chaque immeuble es

entré dans la fixation du prix total. Pour cela, deux modes de calcul peuvent être employés. Dans l'un, l'on se place au moment de la vente et l'on raisonne ainsi : les droits héréditaires sont vendus *tant ;* tel immeuble entre dans l'actif de la succession pour telle fraction ; il sera grevé de privilége pour une somme égale à la même fraction du prix de vente, et ainsi de suite pour tous les immeubles. Un autre mode consiste à se placer après le partage, et à dire : la part héréditaire a été vendue *tant ;* tel immeuble entre dans la part attribuée à l'acheteur pour telle fraction, et sera grevé de privilége pour la même fraction du prix de la vente (1). Ce second mode de calcul nous paraît préférable comme plus en harmonie avec les règles rela-

---

(1) **Ces deux modes de calcul** peuvent conduire à des résultats très-différents. Supposons en effet qu'une part héréditaire soit vendue pour la somme de 100. L'immeuble A, eu égard à la valeur totale de la succession, représente *le quart* de cette succession. L'immeuble A est attribué en totalité à l'acheteur de l'hérédité, et, eu égard à la valeur de cette part, il en vaut *la moitié.* D'après le premier mode de calcul, l'immeuble A serait grevé au profit de l'héritier vendeur d'un privilége pour une somme égale au quart de 100, c'est-à-dire pour 25. Dans le second mode de calcul, il serait grevé de privilége pour une somme égale à la moitié de 100, c'est-à-dire pour 50. Les résultats sont complétement différents. Pour prouver que cela peut se présenter, faisons une hypothèse avec des chiffres. La succession vaut 100,000 francs, un immeuble A, compris dans cette succession, vaut 25,000 francs, sa valeur n'est que le quart de la valeur de la succession totale ; il y a deux héritiers pour parts égales, le partage attribue à l'acheteur des droits successoraux cet immeuble A, sa part étant de 50,000 francs, l'immeuble A représente la moitié de la part à lui attribuée. Supposons qu'à raison de l'*alea* que présentent ces ventes, le prix de vente ait été fixé à 40,000 francs. Dans le premier mode de calcul l'immeuble A se trouverait grevé de privilége pour une somme égale au quart de 40,000 francs, soit 10,000 francs. Dans le second mode, ce serait pour une somme égale à la moitié, soit 20,000 francs.

tives au partage déclaratif. En effet, après le partage,
il est démontré *ex post facto* que l'héritier vendeur était
propriétaire, non d'une part indivise de tous les biens
de la succession, mais uniquement des biens compris
dans le lot attribué à son représentant, et que ce sont
ces seuls biens qui ont fait l'objet de la vente. C'est
donc, il nous semble, uniquement sur ces biens que le
calcul doit se faire.

Pour compléter cette étude sur la vente de droits
héréditaires et du privilége qui peut en résulter, il
nous faut empiéter quelque peu sur des questions que
nous aurons à examiner plus en détail. Cette vente
donnant naissance au privilége immobilier est immobilière, et devra être transcrite au bureau de la conservation des hypothèques de l'arrondissement où se
trouvent les biens héréditaires. Cette transcription
vaudra inscription pour la conservation du privilége
du vendeur, mais elle ne produira d'effet à ce point
de vue qu'autant qu'elle contiendra les éléments nécessaires pour la validité d'une inscription. Parmi ces
éléments se trouve la détermination du montant de la
somme pour laquelle le bien est grevé du privilége.
Nous venons de voir que cette somme est indétermi-
née. A cause de cette indétermination de la somme pour
laquelle chaque bien est grevé du privilége (art. 2132
C. Nap.), dirons-nous que l'inscription ne vaut pas?
Ne vaudrait-il pas mieux voir dans le prix total de la
vente des droits héréditaires la fixation d'une valeur estimative pour laquelle provisoirement le bien serait grevé,
et que le débiteur pourrait faire réduire? (Art. 2132
C. Nap.) Cette dernière opinion nous semble la meilleure; car elle a l'avantage de sauvegarder tous les
intérêts, celui du vendeur, dont le privilége ne sera pas

frappé d'inefficacité faute d'inscription valable, celui de l'acheteur, qui pourra faire réduire le montant de l'inscription. Les tiers ne peuvent se plaindre, puisque l'inscription les a prévenus que le bien était grevé d'un privilége.

L'indivision ne portant que sur un immeuble, il faudra reconnaître l'existence d'un privilége. Tant que durera l'indivision, le privilége ne portera que sur la part indivise, absolument comme les hypothèques que l'acquéreur aurait pu consentir. Seulement, si l'on veut exercer le privilége pendant l'indivision, on se trouve arrêté par l'article 2205. Si l'indivision a cessé, plusieurs cas peuvent se présenter : le partage a été fait en nature, et à la propriété sur une part indivise a été substituée la propriété sur une part divise, sans qu'il y ait soulte ou retour de lot. Dans ce cas, le privilége portera sur cette part. — Il se peut que dans le partage, à raison de circonstances, l'acheteur n'ait droit qu'à une somme d'argent, l'immeuble ayant été attribué en totalité à un communiste. Dans ce cas, le privilége n'a jamais existé, le communiste étant réputé tenir l'immeuble tout entier de l'auteur commun. — Si c'était à un tiers que, par suite de la licitation, l'immeuble fût échu, dans ce cas il passerait grevé de privilége pour la part indivise qui a été vendue. — Il peut enfin arriver que l'immeuble soit adjugé en entier à l'acheteur; l'immeuble sera-t-il frappé en totalité du privilége? Il semble qu'il faille dire que oui, à raison du caractère déclaratif que la loi a reconnu au partage (Art. 883.) En effet, si la vente n'avait pas eu lieu, ce serait le vendeur qui en serait actuellement propriétaire, et son droit de propriété remonterait au jour où l'indivision a commencé. La vente qui est intervenue lui a substitué l'acheteur; mais pour lui, la propriété de la chose tout entière ne peut remonter qu'au jour où la vente de la part indivise a eu lieu. Entre ce jour et celui du commencement de l'indivision, la propriété est réputée avoir été sur la tête du vendeur, dont l'acheteur est l'ayant cause pour la totalité. Seulement le privilége du vendeur se trouvera ici primé par celui des copartageants pour les soultes à eux dues à raison du partage.

Il nous reste à examiner une dernière question. L'article 2133 est-il applicable aux priviléges?

« Art. 2133. L'hypothèque acquise s'étend à toutes les » améliorations survenues à l'immeuble hypothéqué. »

La jurisprudence se refuse à appliquer cet article aux priviléges. En effet, dit-on, la loi ne le dit pas, et en outre la raison de le faire n'existe pas. Le vendeur a un privilége parce que c'est lui qui a mis l'immeuble dans le patrimoine de son débiteur. Mais ce n'est pas lui qui a mis dans ce patrimoine la plus-value résultant des améliorations. Cependant nous ne pensons pas que cette doctrine doive être suivie. En effet, malgré la place occupée par l'article en question, dans la section relative à l'hypothèque conventionnelle, il est certain que cette règle s'applique également aux hypothèques légales et judiciaires, que c'est un principe général qui eût été mieux placé avec les articles 2114 et suivants. Nous avons établi, ce qui n'est au reste contesté par personne, que le privilége est une hypothèque privilégiée, et l'on ne saurait comprendre que, mieux traité que l'hypothèque sous certains rapports, le privilége le fût moins bien sous d'autres. Quant à l'argument que l'on tire du motif du privilége, motif qui résiste à son extension, nous pouvons répondre qu'il est certaines des améliorations prévues par l'article 2133 pour lesquelles il est impossible de refuser l'extension du privilége, que la première opinion entraîne à des distinctions que l'on ne saurait admettre, par la raison que la loi a mis sur le même rang toutes ces améliorations, et que distinguer là où elle ne distingue pas dans une matière où tout est de droit strict, c'est dépasser les limites d'une bonne interprétation de la loi.

Que faut-il entendre par *amélioration?*

Nous devons y comprendre les améliorations naturelles, telles que l'alluvion (art. 556) et les relais (art. 557). Faut-il comprendre aussi le cas d'accession prévu par l'article 559? C'est le cas où par la force des eaux une partie distincte et reconnaissable d'un fonds est entraînée et vient s'ajouter à un fonds inférieur. Il a été contesté que ce cas fût compris dans les améliorations prévues par la loi; c'est, en effet, dit-on, un fonds distinct qui vient s'ajouter au premier, l'acquisition s'en fait moins par accession que par prescription (art. 559). Mais on répond que, dans les travaux préparatoires, ce cas a été prévu, que l'objection a été faite, et qu'il a été dit que tout ce que la loi considère comme accession devait être compris dans l'amélioration.

A côté de ces améliorations matérielles *naturelles* se placent les améliorations matérielles *artificielles*. Ce sont celles résultant du fait de l'homme, telles que constructions, plantations, réparations, etc. C'est à propos de pareilles améliorations que l'on refuse l'application de l'article 2133. Et même parmi elles est-on obligé de distinguer entre les réparations et améliorations proprement dites. Outre la difficulté qu'il y a de fixer exactement la limite précise qui sépare ces deux sortes d'améliorations, nous avons dit la raison qui, selon nous, s'opposait à ce que cette distinction fût faite.

Nous n'entrerons pas dans l'exposé des différentes opinions qui ont été proposées. Chaque auteur est amené par l'absence de tout critérium légal à un système qui lui est propre.

Il est enfin d'autres améliorations qui résultent pour l'immeuble de circonstances qui ne l'affectent pas matériellement, telles sont l'établissement de voies de communication nouvelles, le déplacement de centres de populations, l'extinction de servitudes dont il était grevé, servitudes réelles ou personnelles. Si par rapport à la nue propriété l'usufruit doit être considéré comme un accessoire quand il vient s'y joindre, l'on ne saurait dire que, la nue propriété venant se joindre à l'usufruit, les hypothèques et priviléges qui grevaient l'usufruit s'étendront à la pleine propriété. Nous avons repoussé la doctrine suivant laquelle ces droits seraient éteints, mais nous pensons qu'il faut les restreindre à l'usufruit; cette restriction ne paraît au reste contestée par personne.

SECTION III.

DES CRÉANCES GARANTIES PAR LE PRIVILÉGE.

Le vendeur a un privilége pour garantir le *payement du prix*. Le privilége ne garantit donc la dette de l'acheteur envers le vendeur qu'autant qu'elle résulte de la vente. S'il y avait eu novation il n'y aurait pas privilége, ainsi que nous le dirons plus loin. *A fortiori,* il faut que tout ou partie du prix soit encore dû. Si le contrat de vente portait quittance, le privilége serait éteint alors que, par une contre-lettre, l'acheteur se reconnaîtrait débiteur. Dans ce cas, le privilége est définitivement éteint, et l'inscription qui serait prise plus tard en vertu de la contre-lettre ne serait pas valable, cette contre-lettre ne pourrait conférer au vendeur qu'une hypothèque ordinaire, encore faudrait-il qu'elle fût faite en la forme nécessaire pour la constitution de ces droits.

De même le privilége ne porte que sur le prix énoncé au contrat de vente, toute augmentation de prix résultant de contre-lettre serait au point de vue du privilége nulle et non avenue.

Quels sont les éléments dont se compose le prix? Aucun doute n'est possible quant à la somme principale, que le capital soit exigible ou non, que la rente soit perpétuelle ou viagère. En cas de rente il est nécessaire que cette constitution soit faite par le contrat, sans cela il y aurait novation et le privilége serait éteint.

A côté du principal se pose la question relative aux intérêts. Un instant l'on a soutenu que le vendeur ne serait pas privilégié pour les intérêts du prix, qu'ils soient dus soit en vertu d'une clause du contrat, soit en vertu de la loi. Cette opinion a été abandonnée, l'auteur qui l'avait soutenue n'a pas tardé à reconnaître que les intérêts représentant les fruits ou la jouissance de l'immeuble devaient être garantis par le privilége, puisque la raison était la même. Mais si l'on reconnaît que le privilége s'étend aux intérêts, l'on se divise sur l'étendue de la garantie.

En effet, la loi décide que (art. 2151) : « Le créan-
» cier inscrit pour un capital produisant intérêt ou ar-

» rérage doit être colloqué, pour deux années seule-
» ment et pour l'année courante, au même rang
» d'hypothèque que pour son capital. » La controverse
porte sur le point de savoir s'il faut appliquer cette
décision aux priviléges.

Dans notre ancien droit, il était de jurisprudence
générale que les intérêts venaient au même rang que
le capital. Au parlement de Toulouse même, où les
intérêts des créances hypothécaires ne venaient qu'a-
près la collocation des capitaux, il y avait exception
pour les intérêts des sommes dues à raison de la vente.
« La même raison donne sujet à la troisième exception
» concernant le prix des choses vendues, dont les inté-
» rêts sont dus au vendeur avec tel avantage qu'en la
» déconfiture des biens de l'acquéreur il a droit de
» faire distraire de la saisie générale les possessions
» vendues, pour en faire ordonner la vente séparé-
» ment, et sur les deniers qui en proviendront être
» payé du *principal et intérêts* par préférence à tous les
» autres créanciers. C'est un effet de la clause de pré-
» caire que nos arrêts suppléent en tous les contrats de
» vente de choses immeubles, par le mouvement de
» l'équité naturelle, reçue dans le droit, qui ne souffre
» pas que le vendeur se trouve privé de la chose et du
» prix tout ensemble. » (D'Olive.)

La loi de brumaire est venue modifier cet état de
choses en restreignant à deux années les intérêts garantis par l'inscription de l'hypothèque. Le Code a suivi
cette même voie, quoique sur certains points de détail
il s'en soit écarté. Le principe de l'article 2151 est le
même que celui de l'article 19 de la loi de brumaire.
Ces deux dispositions législatives applicables aux hypothèques doivent-elles s'appliquer aux priviléges?

Suivant une première opinion, l'article 2151 serait applicable aux priviléges qui ne sont que des hypothèques privilégiées. L'article 2151 est placé dans une section dont les dispositions sont générales. Dans l'ancien régime, la règle que les intérêts étaient garantis par l'hypothèque ou le privilége avec le même rang que le capital s'explique, puisqu'à cette époque le système de la clandestinité était en vigueur. Mais la loi de l'an VII et le Code ont proclamé le principe contraire, et l'on irait à l'encontre de la volonté de la loi en permettant au créancier de venir se faire colloquer pour une somme peut-être fort considérable d'intérêts dont l'inscription ne ferait pas mention. Les autres créanciers se trouveraient victimes d'une erreur peut-être invincible.

L'opinion opposée nous semble cependant préférable. Nous croyons, malgré ce que les raisons fournies à l'appui du premier système ont de sérieux, qu'il n'est pas celui que le législateur a adopté, et nous pensons que le créancier privilégié peut se faire colloquer au premier rang tant pour le capital que pour les intérêts.

A l'appui de ce second système, on a quelquefois dit que, la règle de l'article 2151 étant une exception aux véritables principes, l'on ne saurait l'étendre au delà de ses termes, qu'il n'y est question que de l'hypothèque, et que par suite les priviléges sont restés en dehors de la restriction. Ce raisonnement ne nous paraît pas concluant; en effet, dans la matière des priviléges et hypothèques, il est nombre de dispositions que l'on doit appliquer aux priviléges, et où il n'est question que des hypothèques. L'omission du mot *privilége* dans l'article 2151 ne prouve pas plus là que dans d'autres articles. En outre, l'article 2151 se trouve dans un titre dont la rubrique mentionne les priviléges et les hypothèques.

On s'est quelquefois basé sur ce que la loi disait que l'hypothèque, garantissant les intérêts, aurait même rang que pour le capital. Cela prouve bien en effet qu'il n'est question que d'hypothèque, puisque les intérêts de créances privilégiées devraient avoir rang de privilége et non rang d'hypothèque. Cette distinction entre le rang de privilége et le rang d'hypothèque ne réside que dans les mots. Les priviléges ne sont que des hypothèques dont le rang est déterminé par la nature de la créance et non par la date, et dans l'article 2151 la loi se réfère, quant au rang, aux règles qu'elle a précédemment édictées, et rien ne prouve qu'elle se réfère à ces hypothèques dont le rang est fixé par la date plutôt qu'à celles dont le rang est fixé par la nature. Non, nous ne pouvons voir dans l'omission du mot *privilége,* dans l'expression *rang d'hypothèque* une base quelconque à l'opinion que nous adoptons. Seule la fin de l'article nous prouve que la loi s'est référée uniquement aux hypothèques. En effet, si l'on applique la première disposition de l'article aux priviléges, notamment à celui du vendeur, il faut admettre que le créancier pourra par des inscriptions postérieures conserver, pour les intérêts échus, la garantie hypothécaire. L'effet de cette inscription devra s'estimer suivant la nature du droit conservé. La créance des intérêts, accessoire de la créance du capital, est comme elle privilégiée lorsque l'inscription est faite, le rang de l'hypothèque qui le garantit se fixe comme celle du capital par la nature de la créance et non par sa date. Or la seconde disposition de l'article 2151 dit textuellement que les créanciers hypothécaires peuvent, par des inscriptions, conserver aux intérêts échus la garantie d'une hypothèque dont le rang se fixe par la *date* de l'inscription, et nous venons de voir que les inscriptions prises relativement aux intérêts de créances privilégiées conservent une hypothèque dont le rang se fixe par la nature de la créance. Le raisonnement qui nous conduit à repousser la première opinion et à admettre la seconde est en résumé le suivant. Pour les intérêts échus et non garantis par la première inscription, l'hypothèque ne prend rang qu'à compter de la date de l'inscription; pour les créances privilégiées, ce devrait être d'après la nature de la créance principale. Si la seconde disposition de l'article 2151 est inapplicable, la première doit l'être également, ces deux dispositions ne pouvant être séparées.

Du reste, il est deux règles qu'il ne faut pas oublier, c'est que les intérêts des sommes dues se prescrivent par cinq années (art. 2277), et que les créanciers peuvent se prévaloir de la prescription, alors même que leur débiteur y aurait renoncé (art. 2225).

Comme troisième élément du prix, il faut comprendre les frais et loyaux coûts qui sont à la charge de l'acheteur, sauf convention contraire. L'opinion contraire est soutenue, le prix visé par l'article 2103 est ce que doit recevoir le vendeur, et s'il fait l'avance des frais, c'est à titre de prêteur, il n'a par conséquent pas de privilége; l'on ajoute que les lois fiscales n'ont jamais fait entrer cet élément dans l'estimation du prix qui sert de base aux droits à percevoir. Cette dernière objection trouve sa réfutation dans cette considération que les intérêts ne sont pas non plus compris dans le prix au point de vue fiscal; et que cependant ils sont, dans une certaine mesure au moins, garantis par le privilége.

Pour la première objection, on peut répondre que le prix visé par l'article 2103 serait diminué de tout le montant des frais, si le vendeur, qui en fait l'avance, n'en avait pas la répétition garantie par le privilége. En outre, la loi elle-même considère comme prix tout ce que l'acheteur est obligé de payer pour avoir la chose; l'article 1593 les met à la charge de l'acheteur (sauf convention contraire); la loi oblige le vendeur à les restituer en cas d'éviction (art. 1630) ou de pacte de rachat (art. 1673); l'article 2155 met à la charge du débiteur les frais d'inscription, et l'article 2188 ordonne à l'adjudicataire sur surenchère de les restituer à l'acquéreur ou donataire dépossédé. Nous pouvons ajouter que, dans certains cas, ces frais sont faits par le vendeur pour arriver à l'exécution des conventions, et dans ce cas ils rentrent dans les frais de justice (art. 2101), qui, ne servant qu'à lui, sont placés immédiatement avant sa propre créance. Dans d'autres cas, ce sont des frais de conservation du privilége, et l'article 2155 reçoit son application. Il se peut enfin que le vendeur ne les paye que sur la demande du notaire, qui a action solidaire contre lui et l'acheteur (art. 2002). Comme il n'est que caution (art. 1216 et 1593 cbn.) et que le cautionnement résulte du contrat de vente, sa créance est garantie par le privilége. Il peut, en outre, se faire considérer comme subrogé au droit du notaire (art. 1251), s'il y trouve quelque intérêt.

Comme quatrième élément du prix, faut-il comprendre les dommages et intérêts auxquels le vendeur peut avoir droit, à raison de l'inexécution au temps convenu? Quoique l'opinion contraire ait été soutenue, il semble qu'il faille dire non. Nous n'avons qu'à répéter ce que nous avons dit sur cette question à propos de l'échange. Les dommages et intérêts représentent non l'un des équivalents de l'immeuble vendu, mais l'intérêt que le vendeur avait à une exécution en temps convenable.

SECTION IV.

DES DROITS DU PRÊTEUR DE DENIERS.

L'article 2103-2° reconnaît à celui qui prête des deniers pour l'acquisition d'un immeuble un privilége. Ce privilége n'est point un nouveau privilége, c'est celui du vendeur. C'est un cas de subrogation. La loi ne fait ici que reproduire la décision qu'elle a déjà donnée dans l'article 1250-2°.

Il n'est pas douteux, quoique la loi ne l'ait point dit, que la subrogation par la volonté du vendeur serait possible, ainsi que le décide l'article 1250-1°. Aussi la disposition de l'article 2103-2° est-elle complétement inutile.

Le prêteur, n'ayant pas un privilége particulier, mais étant purement ayant cause du vendeur, ne sera subrogé que dans la limite de ce qu'il aura payé. Ses droits sont, en vertu de l'article 1252, subordonnés à ceux du vendeur, de telle sorte que, si l'immeuble aliéné venait à être saisi et vendu pour un prix inférieur au prix de vente originaire, il supporterait seul la différence.

Subrogé aux droits du vendeur, il n'a pas plus de droit que lui; aussi pourra-t-il se voir préférer des créanciers hypothécaires du vendeur, et même certains créanciers chirographaires, dans l'hypothèse prévue par l'article 688 (C. de proc.), celle de vente après saisie. Après la transcription de la saisie, la partie saisie ne peut aliéner (art. 686). Cette aliénation est néanmoins valable, si l'on consigne une somme suffisante pour désintéresser en principal, intérêts et frais, les créanciers inscrits et le saisissant (art. 687). Si les deniers consignés ont été empruntés, les prêteurs n'ont d'hypothèque qu'après les créanciers inscrits.

Il se peut que la somme, au lieu d'être versée entre les mains du vendeur, soit remise à ses créanciers et que le prêteur soit subrogé aux droits de ces derniers. Quelle sera la position du prêteur ? Dans ce cas, il semble qu'il faille voir une double subrogation, le prêteur est subrogé d'une part aux droits du vendeur contre l'acheteur, d'autre part aux droits des créanciers du vendeur contre ce dernier. Si les créanciers avaient hypothèque, dans ce cas le prêteur aurait succédé à leur hypothèque, et à ce titre serait sur l'immeuble préféré au vendeur et à ses créanciers chirographaires, qui useraient de ses droits en vertu de l'article 1166. Cette doctrine a été repoussée dans l'ancien droit par le Parlement et l'est encore actuellement. Il nous semble que dans l'opinion suivant laquelle, malgré la subrogation consentie par les créanciers du vendeur, ce dernier et ses autres créanciers sont encore préférés au prêteur, on ne tient pas assez compte de cette double subrogation, dont l'effet est de permettre au prêteur d'invoquer, suivant son intérêt, soit sa qualité de subrogé au vendeur contre les ayants cause de l'acheteur, soit sa qualité de subrogé aux créanciers du vendeur contre le vendeur et ses ayants cause.

Les conditions que la loi exige pour cette subrogation sont que l'emprunt et la quittance soient authentiques, et qu'il soit dit que la somme empruntée est destinée à payer le vendeur, et que le payement est effectué avec les deniers empruntés. La loi n'a fixé aucune limite de temps entre l'acte d'emprunt et la quittance. Autrefois la doctrine générale était que les contrats devaient sinon se trouver réunis dans le même acte, au moins se succéder à très-bref délai. Actuellement il n'y a rien de semblable, et un long espace de temps ne suffirait pas pour faire annuler la subrogation ; cependant le temps écoulé peut être pris en considération par le juge, et cette circonstance, réunie à d'autres, pourrait lui faire prononcer la révocation à raison de la fraude qu'il constaterait ; ce serait une question de fait.

La loi n'exige pas que l'origine de la dette, c'est-à-dire la vente, ait été constatée par acte authentique. Dans cette opinion, qui est soutenue, on ajoute à la loi.

CHAPITRE IV.

DE LA CONSERVATION DU PRIVILÉGE.

L'article 2106 du Code civil s'exprime ainsi :

« Entre les créanciers, les priviléges ne produisent
» d'effet à l'égard des immeubles qu'autant qu'ils sont
» rendus publics par inscription sur les registres du
» conservateur des hypothèques. »

Au principe de la publicité ainsi posé, le législateur
a ajouté : « de la manière déterminée par la loi, et à
» compter de la date de cette inscription, sous les seules
» exceptions qui suivent. »

L'article 2108 détermine comment le privilége du
vendeur sera conservé.

« Art. 2108. Le vendeur privilégié conserve son
» privilége par la transcription du titre qui a transféré
» la propriété à l'acquéreur, et qui constate que la to-
» talité ou partie du prix lui est due ; à l'effet de quoi
» la transcription du contrat faite par l'acquéreur vau-
» dra inscription pour le vendeur et le prêteur qui
» lui aura fourni les deniers payés, et qui sera
» subrogé au droit du vendeur par le même contrat ;
» sera néanmoins le conservateur des hypothèques
» tenu, sous peine de tous dommages et intérêts en-
» vers les tiers, de faire d'office l'inscription sur son
» registre des créances résultant de l'acte translatif de
» propriété, tant en faveur du vendeur qu'en faveur des
» prêteurs, qui pourront aussi faire faire, si elle ne l'a
» été, la transcription du contrat de vente, à l'effet
» d'acquérir l'inscription de ce qui leur est dû sur le
» prix. »

Ce sont ces dispositions législatives et les difficultés qu'elles ont fait naître que nous nous proposons d'étudier.

Nous verrons d'abord quels sont les modes de publicité du privilége et les différentes questions qui peuvent s'élever à ce sujet. Ensuite nous demanderons quel sens il faut attacher à ces mots de l'article 2106 : *et à compter de la date de cette inscription.*

SECTION I.

DES MODES DE PUBLICITÉ DU PRIVILÉGE DU VENDEUR.

A côté de l'inscription, qui est le mode ordinaire de publicité des priviléges et des hypothèques (art. 2106), la loi en reconnaît un second pour le privilége du vendeur, la transcription de la vente par lui consentie. (Art. 2108.)

La loi du 11 brumaire an VII décidait que le conservateur devrait prendre d'office une inscription pour le vendeur, quand l'acte de vente qu'on lui donnait à transcrire constatait que tout ou partie du prix était encore dû. Il semble que cette formalité fût inutile, puisque, la vente étant transcrite, les tiers avaient connaissance de la dette de l'acheteur. Cette disposition est cependant sage. Cela tient à ce que la dette de l'acheteur n'apparaît pas souvent bien nette au milieu d'un acte quelquefois volumineux. Le rôle du conservateur est alors de la mettre en évidence par une inscription spéciale. Cette inscription a encore pour résultat de compléter l'ensemble des inscriptions prises sur l'acheteur, et le tiers qui requiert un état des inscriptions n'a pas besoin, pour avoir cet état complet, de recourir au registre des transcriptions.

Le Code a suivi le même système. Le conservateur doit (art. 2108) prendre d'office l'inscription. Mais le Code s'est écarté de la loi de brumaire sur un point assez important. Tandis qu'avant lui, la transcription valait pour le vendeur réquisition d'inscription, maintenant la transcription vaut inscription. La conséquence est qu'auparavant le vendeur était déchu de son privilége si l'inscription n'était pas prise, et n'avait de recours que contre le conservateur, tandis que maintenant son privilége subsiste. Ce sont les tiers, qui ont pu être induits en erreur par cette omission, qui ont recours contre le conservateur. Ajoutons immédiatement que l'article 6 de la loi du 23 mars 1855 n'est pas venu abroger cette disposition de l'article 2108. En effet, si cet article 6 ne mentionne que l'inscription, c'est que la loi prévoit précisément l'hypothèse où le vendeur n'use pas de la transcription.

A côté de la transcription se place l'inscription que le vendeur peut requérir en dehors de toute transcription. Pendant longtemps cette faculté n'avait fait doute pour personne. Dans ces derniers temps, on a soulevé des objections dans l'opinion suivant laquelle le vendeur, jusqu'à toute transcription, est resté propriétaire. On ne prend pas inscription sur soi-même, a-t-on dit, surtout pour conserver un droit qui n'est pas encore né. Sans vouloir discuter maintenant la base de ce système, nous dirons qu'alors même qu'il serait vrai de dire que le vendeur est resté propriétaire, il est certain que sa propriété est sous condition résolutoire et son privilége sous condition suspensive, condition d'un fait non subordonné à sa volonté, la transcription de la vente; que ce droit, il peut le conserver, et que parmi les moyens que la loi lui accorde se trouve l'inscription que la loi lui permet de prendre. Quant à cette théorie, que l'on ne prend pas inscription sur soi-même pour un droit non encore né, nous pouvons répondre que le tiers détenteur qui, payant un créancier hypothécaire, est subrogé à ses droits et hypothèques, a en réalité hypothèque sur lui-même, et qu'en général le créancier hypothécaire a soin de faire inscrire son hypothèque avant d'avoir remis l'argent, c'est-à-dire avant la naissance du droit. Il est, du reste, à notre avis, un meilleur argument, c'est qu'il est inexact de dire que le vendeur reste propriétaire jusqu'à la transcription. Nous discuterons cette question dans la section suivante.

Nous avons dit que la transcription valait inscription. Le résultat sera-t-il toujours la conservation du privilége? Non, car la transcription qui vaut comme inscription ne vaut pas plus, et par suite ne vaut qu'autant que l'acte soumis à cette formalité remplit les conditions essentielles d'une inscription.

Nous avons déjà dit que si l'acte de vente portait quittance de tout ou partie du prix, si partie du prix y était dissimulée, le privilége n'existerait que pour la somme qui serait due d'après l'acte même, alors qu'il y aurait une contre-lettre.

Mais il se peut que le prix soit indéterminé ou inconnu d'après l'acte; dans ce cas la transcription ne pourra produire plus d'effet qu'une inscription, et celle-ci ne vaudrait pas. L'on peut supposer que dans le prix soient comprises des charges qui n'ont pas été appréciées en argent; ou bien la vente a compris sous un prix unique plusieurs objets, soit mobiliers, soit même immobiliers. Il en serait autrement si l'acte contenait une fixation d'une valeur estimative pour le montant des charges où le prix de l'immeuble séparé des autres objets. (Art. 2132.)

De même, si l'acte ne contenait pas l'indication de l'époque de l'exigibilité, la transcription ne vaudrait pas.

Du reste, ces imperfections peuvent disparaître par un acte rectificatif. Mais l'effet ne pourrait se produire qu'autant que le vendeur se trouverait encore en temps utile pour conserver son droit.

Voyons maintenant quelles sont les obligations du conservateur et quelle est leur sanction.

Le conservateur ne doit prendre cette inscription qu'autant qu'il résulte de l'acte que tout ou partie du prix est encore dû. Pas de difficulté si la quittance du prix se trouve dans le contexte même de l'acte. Mais il se peut que cette quittance vienne à la suite de l'acte de vente. On a quelquefois dit que le conservateur pouvait se dispenser de prendre inscription, alors même que l'acte ne serait pas authentique. En effet, dit-on, l'acte transcrit établit que le prix n'est plus dû. — Mais il semble que dans cette opinion on confond deux choses, l'acte de vente et la quittance. Si elles étaient sur des feuilles séparées, il est certain qu'il faudrait que la quittance fût en forme authentique; le fait que les deux actes sont réunis sur une même feuille ne change rien aux prescriptions de la loi, ce sont toujours deux actes séparés et distincts ayant une valeur indépendante. Si donc la quittance n'est pas en forme authentique, le conservateur ne sera pas libéré de son obligation de prendre inscription. (Art. 2158.)

L'existence d'une inscription antérieure prise à la requête du vendeur ne libère pas le conservateur de son obligation; en effet, cette première inscription peut tre nulle, elle pourra se trouver périmée alors que la nouvelle ne le serait pas.

L'absence des énonciations exigées pour la validité d'une inscription (art. 2148) ne dispense pas le conservateur de la prendre. Il pourra croire qu'à raison de l'insuffisance de ces énonciations cette omission soit pour lui sans conséquence, mais cela peut ne pas être en réalité, et il engagerait sa responsabilité en ne la faisant pas; seulement il formalisera comme il pourra. La loi exige du créancier qu'il y ait élection de domicile dans l'arrondissement; le conservateur ne doit point faire d'office cette élection, alors même qu'il y aurait domicile élu pour l'exécution du contrat. Ce serait le contraire si l'élection du domicile avait été faite expressément en vue du privilége et pour se conformer à l'obligation imposée par l'article 2148.

S'il y avait lieu au privilége du bailleur de fonds, le conservateur serait tenu des mêmes obligations envers ce bailleur. Mais que décider, s'il y a eu subrogation d'un créancier du vendeur et que son acceptation fût mentionnée? On a quelquefois dit que le conservateur n'était tenu de formaliser qu'au nom du vendeur, à raison des termes de la loi. Il nous semble qu'à cet argument de texte on peut opposer l'argument tiré de l'esprit de la loi. Si l'obligation existe pour le conservateur quand il y a un bailleur de fonds, c'est à raison de la subrogation de celui-ci aux droits du vendeur; pourquoi ce motif n'existerait-il plus quand la subrogation, au lieu de se faire par la volonté de l'acheteur, se fait par la volonté du vendeur? Mais il faut que cette subrogation soit consentie et acceptée dans l'acte, sinon c'est simple indication de payement.

Nous avons dit que le vendeur ne souffre point de

l'inaccomplissement de cette formalité. Aussi dirons-nous par *à fortiori* qu'il ne souffre pas des irrégularités de cette inscription; mais des tiers peuvent en souffrir: dans ce cas, le conservateur engage sa responsabilité. Il semble que jamais elle ne soit engagée. En effet, pourrait-on dire et a-t-on dit, les tiers n'ont qu'à consulter le registre des transcriptions pour connaître la dette de l'acheteur; s'ils ne l'ont point fait, ils sont en faute, et s'ils en souffrent, ils ne peuvent l'imputer qu'à eux-mêmes. Cette théorie serait la suppression de la responsabilité des conservateurs, aussi ne saurions-nous l'admettre. Il est vrai que les tiers ont été imprudents, mais l'on peut dire que, confiants dans l'exécution de la loi, ils ont pu croire que, s'il n'y avait pas d'inscription pour le privilége du vendeur, c'est qu'il n'existait pas par suite d'un payement valablement constaté. Le conservateur les a donc induits en erreur.

Du reste, cette responsabilité du conservateur n'existe que pendant les dix ans pendant lesquels les inscriptions produisent effet. Au bout de ce temps, sa responsabilité est dégagée. En effet, au bout de dix ans, l'inscription qui n'a pas été renouvelée est réputée n'avoir jamais été faite, et dans notre hypothèse la présomption est conforme au fait. Nous n'avons pas besoin de dire que cette libération ne porte que sur l'avenir; le conservateur dont la responsabilité se trouverait engagée antérieurement à l'expiration de ce délai reste tenu, conformément au droit commun en cette matière.

Il se peut que le conservateur ne se soit pas conformé aux prescriptions de la loi et que l'inscription n'ait pas été prise. Quelle sera la position du vendeur?

Aura-t-il droit, comme s'il était inscrit, aux sommations, notifications, convocations qui devraient lui être faites s'il était inscrit, en cas de saisie immobilière (art. 692 C. proc. civ.), de purge (art. 2183 C. Nap.) ou d'ordre (art. 751, 753 C. proc. civ.)? Il n'est pas douteux qu'en dehors de toute sommation il peut intervenir et qu'il jouit de toutes les prérogatives attachées à sa qualité de créancier hypothécaire privilégié. Mais n'étant pas inscrit et n'ayant pas été lié à la procédure, la clôture de la procédure est-elle à son regard définitive comme s'il y avait paru?

Il faut supposer que le délai de dix ans nécessaire pour la péremption ne s'est pas écoulé, sans cela ce serait, avons-nous dit, comme s'il y avait eu inscription et qu'elle fût périmée.

Quoique l'opinion contraire ait été soutenue, il semble, d'après la règle, que pour le vendeur transcription vaut inscription, qu'il faille dire qu'il a droit à ces sommations, notifications, etc. Dans l'opinion contraire, l'on se base sur les termes de la loi, qui suppose toujours qu'il y a eu inscription, et qui est muette pour le cas de transcription. La réponse est qu'ici la loi a supposé le *quod plerùmque fit,* et, en général, il y aura inscription. S'il est domicilié en France, ces notifications lui seront faites à son domicile réel, à défaut de domicile élu, dans le cas de saisie immobilière et d'ordre. (Art. 692 et 751, 753 C. proc. civ.) Mais que décider dans le cas de purge après aliénation volontaire? Dans ce cas, quelques auteurs enseignent que les notifications lui sont toujours dues, soit qu'il y ait domicile en France, soit qu'il soit à l'étranger. Cependant l'article 2183 ne distingue pas et décide que les notifications sont faites au domicile élu. Si l'acte de

vente ne contient pas élection de domicile pour le privilége, l'inscription que le conservateur prendrait serait
incomplète et il n'aurait pas droit aux notifications.
S'il n'y a pas inscription, il ne saurait être mieux
traité; aussi dirons-nous qu'il n'a droit aux notifications qu'autant que l'acte de vente contiendrait une
élection de domicile conformément à l'article 2148.

SECTION II.

DU RANG DU PRIVILÉGE.

Demandons-nous maintenant ce que signifient ces
mots de l'article 2106 « *et à compter de la date de cette*
» *inscription* ». On est d'accord pour ne point voir dans
ces mots une dérogation au principe posé dans les articles 2095, 2096; mais, ce point admis, on se sépare
sur le reste. La divergence est même si profonde, que
l'on peut dire qu'il n'est pas un seul des points que
nous aurons à examiner où les conclusions ne soient
différentes, suivant l'opinion que l'or adopte sur cette
question.

Dans une première opinion, ces mots s'expliquent
par la circonstance que les priviléges du vendeur et des
ouvriers ne prennent naissance qu'au moment où ils
sont publiés. Dans une seconde opinion, les mots si
embarrassants de l'article 2106 doivent être considérés
comme étant échappés au législateur.

1er *système.* — Les partisans de ce premier système
croient utile, pour arriver à une interprétation des
articles 2106 et 2108 combinés, de remonter au droit
intermédiaire, dont le Code et les lois postérieures ont
sur beaucoup de points reproduit les dispositions.

Loi du 11 brumaire an VII. — La loi du 11 brumaire an VII, dans son article 2, pose le principe de la publicité. « L'hypothèque ne prend rang et les priviléges » sur les immeubles n'ont d'effet que par leur inscrip- » tion dans les registres publics à ce destinés, sauf les » exceptions autorisées par l'article 11. » (Cet article 11 énumère quelques priviléges généraux dispensés d'inscription.)

« Les dispositions subséquentes de la même loi » expliquent très-clairement le sens de ces mots : « *Les* » *priviléges sur les immeubles n'ont d'effet que par leur* » *inscription* », et à cet égard il faut distinguer avec » soin deux classes de priviléges. » (Valette, *De l'effet ordinaire de l'inscription en matière de privilége sur les immeubles,* p. 8.)

La *première classe* comprend les priviléges *retenus lors de l'aliénation de l'immeuble.* Celui qui vend (le mot vendre ayant ici une signification générique, embrassant toute aliénation entre-vifs), et qui ne reçoit pas immédiatement l'équivalent de l'immeuble, ne se démet pas de l'intégralité de son droit de propriété, mais il en conserve une sorte de fraction ou de démembrement, un droit réel, qui est d'être payé sur le prix de l'immeuble avant tous les autres créanciers.

Rien de plus simple et de plus raisonnable que la manière dont le législateur de l'an VII règle la publicité à donner à ces priviléges retenus. Dans le nouveau régime hypothécaire, on ne considère la propriété comme transmise à l'égard des tiers que par la transcription de l'acte de mutation sur les registres de la conservation des hypothèques. (Art. 26.) Jusque-là, les actes ne peuvent être opposés aux tiers qui ont traité avec l'ancien propriétaire. « Si donc l'acte de vente

» constatait que le prix était encore dû au vendeur, la
» transcription de cet acte, en même temps qu'elle
» faisait connaître au public la mutation de propriété,
» lui apprenait aussi l'existence du privilége retenu sur
» l'immeuble par le vendeur; la rétention était aussi
» notoire que la translation même. Il y avait là deux
» clauses simultanées et indivisibles. » (Valette, *op. cit.*,
p. 9.)

Pourquoi un privilége, et non pas une hypothèque ?
Cela tient à ce que les créanciers inscrits le même jour
venaient au marc le franc si le prix était insuffisant
pour les désintéresser tous. (Art. 14.) Ayant un privilége, le vendeur ne subit pas ce concours.—Il est vrai
que le privilége du vendeur est soumis, pour *son existence*, à la prise d'une inscription que le conservateur
doit, sous peine de dommages et intérêts envers le vendeur, prendre d'office lors de la transcription de l'acte
de mutation. (Art. 29.)

La *seconde classe* ne comprend qu'un seul privilége,
celui des ouvriers « sur la plus-value existante au mo-
» ment de l'aliénation d'un immeuble » (art. 12),
quand cette plus-value a pour origine les constructions,
réparations et autres impenses que les ouvriers y auraient faites. Il fallait que les ouvriers prissent inscription avant le commencement des travaux. (Art. 13.)
Le bordereau d'inscription consistait dans le procès-
verbal prescrit par l'article 12, à l'effet de constater
l'état de l'immeuble et l'utilité des ouvrages. La loi
exigeait une seconde inscription, celle du procès-verbal
de réception des travaux qui devait être fait dans les
deux mois de leur achèvement. Pour cette nouvelle
inscription, la loi ne fixait, il est vrai, aucun délai
fatal; cela tient à ce que toute personne intéressée était

suffisamment prévenue par la première inscription, et qu'il ne tenait qu'à elle d'obtenir de plus amples renseignements.

Ainsi, pour nous résumer, nous dirons qu'en l'an VII, pour les priviléges de la première classe, leur inscription était concomitante de leur naissance; pour ceux de la seconde, elle était antérieure.

Code Napoléon (art. 2106, 2108). — La similitude de rédaction de l'article 2106 et de l'article 2 de la loi de brumaire fait supposer la similitude de pensée du législateur dans les deux cas. Il faudrait des motifs bien graves pour admettre une opinion différente.

Mais l'article 2106 contient ces mots nouveaux : « Et à compter de la date de cette inscription. » Cela signifie-t-il que, désormais semblables aux hypothèques, les priviléges ne l'emporteront que sur les droits postérieurs? Non, tel ne saurait être le sens de ces expressions; les articles 2095, 2096 repoussent une pareille interprétation. Il ne faut voir dans ces mots qu'une expression énergique de la pensée de la loi, que les priviléges doivent être publiés avant leur naissance, ou que cette publicité ne saurait lui être postérieure.

Au moment de la rédaction de ces articles on était encore sous l'empire de la loi de brumaire, la transcription était nécessaire pour l'efficacité des actes d'aliénation; le privilége du vendeur était annoncé par la transcription. En même temps que la mutation de propriété était annoncée et opérée, le privilége naissait et était publié.

Pour le privilége des ouvriers, l'article 2110 reproduit la doctrine de l'article 13 de la loi de brumaire, et exige que le procès-verbal constatant l'état de l'immeuble soit rendu public par une inscription avant le commencement des travaux ; sinon, toute l'hypothèque inscrite auparavant le primerait, sans distinguer suivant que l'hypothèque a été inscrite avant ou après le commencement des travaux. L'on ne saurait, en effet, admettre la doctrine suivant laquelle les hypothèques inscrites avant le commencement des travaux seraient toujours primées par le privilége des ouvriers, à quelque époque que ce dernier fût publié.

D'après ce que nous venons de dire du privilége du vendeur et des ouvriers, l'on voit que le projet des législateurs du Code était de reproduire le système suivi en l'an VII. A ce principe de la publicité absolue, il y avait des exceptions que le Code annonçait. Il est des créanciers privilégiés auxquels la loi accorde un délai pour se faire inscrire, lequel délai passé, leur droit dégénère en hypothèque.

Ce système régulier et simple a été bouleversé par la suppression de la nécessité de la transcription. Sur cette question de la nécessité de la transcription, plusieurs fois discutée, la décision avait toujours été remise. L'article 91 du projet avait été adopté en principe. Renvoyé à la commission pour une modification de rédaction, on ne le revit plus.

Avant le Code de procédure, on pouvait discuter la question de savoir si la transcription était nécessaire. Mais l'article 834 est venu la résoudre négativement. Interprétant souverainement la pensée du législateur de l'an XII, le législateur de 1806 décidait que la transcription n'était pas exigée par le Code.

Pendant cette période, quel avait été le sort de l'article 2108 ? Intimement lié à la nécessité de la transcription, il faut dire qu'il avait été abrogé. Quel sens, en effet, lui donner ? Dirons-nous que l'inscription est encore nécessaire, mais que, quelle que soit l'époque à laquelle la formalité sera remplie, l'inscription aura un effet rétroactif et que le privilége primera toute hypothèque? Pareil système de publicité ne serait-il pas celui de la clandestinité pure? Puisque le législateur a cru bon que la vente ne fût soumise à aucune publicité, puisqu'il a cru que les tiers arriveraient, on ne sait comment, à une connaissance suffisante de cette vente, il faut dire qu'ils connaîtront en même temps l'existence du privilége du vendeur, accessoire du contrat de vente. « Il y a là deux clauses simultanées » et indivisibles. »

Code de procédure. — Lorsqu'en 1806 le Code de procédure civile fut rédigé, l'article 834 fut inséré dans le but unique de donner satisfaction à l'administration de l'enregistrement, qui voyait ses recettes baisser par suite de la jurisprudence sur la transcription et sa nécessité. Quel était le système adopté dans cet article 834? Sous la loi de brumaire, tout individu ayant traité avec le vendeur pouvait prendre inscription jusqu'à la transcription, que son droit eût pris naissance avant ou après la vente. Sous l'empire du Code, le jour où la vente a reçu date certaine, les inscriptions cessent d'être possibles. L'article 834 suivit un système mixte. Il fut décidé que le droit qui aurait été *concédé avant* la vente pourrait être *publié après*, tant qu'elle n'aurait pas été transcrite, et même dans le délai de quinze jours à partir de cette transcription.

La transcription reprenant son utilité, l'article 2108 a repris par cela même sa raison d'être. La fin de l'article 834, assez ambigu, a paru aux partisans de cette opinion un argument en sa faveur. La loi réserve au vendeur et au copartageant les droits résultant des articles 2108 et 2109 du Code civil. Ces droits du vendeur ne seraient autre chose que l'obligation pour un sous-acquéreur de faire transcrire, outre l'acte de vente passé entre lui et l'acheteur, l'acte de vente passé entre le vendeur et l'acheteur. Dans cette doctrine, le privilége du vendeur naît encore publié.

Loi du 23 mars 1855. — Lorsque le système que nous exposons fut émis pour la première fois, l'on était sous l'empire de la loi de 1806. Depuis, le 23 mars 1855, une loi nouvelle est venue modifier le système hypothécaire de la France et abroger les articles 834 et 835 du Code de procédure civile.

La loi de 1855 vint donner à la transcription toute l'utilité qu'elle avait en l'an VII. Aussi voyons-nous les partisans de ce système soutenir que, aujourd'hui comme alors, le vendeur n'est dessaisi que par la transcription, qui fait apparaître le privilége et le porte en même temps à la connaissance des tiers.

Dans cette opinion, la publicité donnée au privilége étant toujours concomitante de sa naissance, il s'ensuit que le droit est toujours conservé tant comme droit de suite que comme droit de préférence. Cette conséquence forcée de ce système est formellement démentie par la loi nouvelle, ce qui fournit aux partisans de l'autre opinion de sérieux arguments.

Deuxième système. — La base du premier système est la suivante :

La propriété ne passe à l'acheteur que par la transcription, qui fait ainsi apparaître et la mutation de propriété et le privilége.

C'est cette proposition qui nous paraît inexacte.

A Rome et dans notre ancienne jurisprudence, la vente ne créait que des obligations personnelles et réci-

proques. L'acheteur ne devenait propriétaire que par
la tradition. La nécessité de la tradition avait des inconvénients. La propriété restant au vendeur, l'acheteur
pouvait se voir privé d'une chose, sur laquelle il avait
pu légitimement compter, par une nouvelle vente faite
par son vendeur et suivie de tradition.

En droit français, un remède fut apporté; ce fut
celui des traditions feintes. Elles étaient devenues de
style, et l'on put dire que la propriété passait à l'acheteur par la vente; en réalité, c'était par une clause
accessoire du contrat de vente. Mais en évitant un inconvénient, on était tombé dans un autre. Le vendeur
resté en possession de la chose vendue pouvait, quoiqu'il eût cessé d'être propriétaire, la vendre de nouveau, et l'acquéreur pouvait, après avoir payé, se voir
évincé par le premier acheteur, qui était devenu propriétaire. Le vendeur pouvait aussi (cet inconvénient
était au moins aussi grave) tromper les tiers sur sa
fortune réelle.

C'est à cet état de choses que la loi de brumaire est
venue apporter un remède. La translation de la propriété reste en principe soumise aux mêmes règles
que par le passé. Mais il est certains tiers que la loi
veut protéger, et en faveur desquels elle impose à
l'acheteur l'obligation de la transcription. Jusqu'à ce
moment, il pourra voir ces tiers lui opposer victorieusement des droits qu'en principe il ne devrait pas
subir.

Cette théorie, que les travaux préparatoires de la
loi de brumaire nous indiquent comme étant celle du
législateur, nous paraît ressortir clairement des termes
mêmes de cette loi.

« Art. 26. Les actes translatifs de propriété ou de
10.

» droits réels susceptibles d'hypothèque doivent être
» transcrits sur les registres du bureau de la conserva-
» tion des hypothèques dans l'arrondissement duquel les
» biens sont situés. »

L'acte soumis à la formalité de la transcription est
l'acte *translatif*. Nulle part l'on ne voit poser dans la
loi le principe que la transcription est une condition
nouvelle de la translation de propriété. L'acte qui, avant
le 11 brumaire, était translatif de propriété, reste
translatif de propriété.

Exigeant la transcription, la loi édicte immédiatement la sanction :

« Art. 26. ....., jusque-là, ils ne peuvent être oppo-
» sés aux tiers qui auraient contracté avec le vendeur
» et qui se seraient conformés aux dispositions de la
» présente. »

La sanction est que certains tiers auxquels la translation de propriété pourrait nuire ont le droit de la
méconnaître.

Ces tiers, quels sont-ils ? Sont-ce tous les tiers, c'est-
à-dire tous ceux qui n'ont pas été partie à l'acte, notamment les ayants cause de l'acheteur ? Non, ce sont
uniquement les ayants cause du vendeur. Ces ayants
cause doivent réunir trois conditions; il leur faut être
ayants cause, — à titre singulier, — ayant acquis un
droit réel, — s'étant conformés aux dispositions de la
loi de brumaire.

Ainsi, en l'an VII, la vente est translative de propriété (s'il y a clause de tradition feinte) entre le vendeur et l'acheteur, entre le vendeur et les ayants cause
de l'acheteur, entre l'acheteur et ses ayants cause,
entre l'acheteur et les ayants cause du vendeur qui
n'ont pas un droit réel sur l'immeuble.

En principe, la vente est translative de propriété *erga omnes*. Il y a exception pour les ayants cause du vendeur qui réunissent les conditions que nous avons indiquées. Si la vente est, par elle-même, en dehors de toute transcription, translative de propriété à l'égard du vendeur, de l'acheteur et de tous les ayants cause de l'acheteur sans exception, le vendeur se trouve investi d'un droit de privilége avant toute transcription, et il est inexact de dire que sous l'empire de la loi de brumaire le privilége du vendeur *naît conservé*.

· Le Code a-t-il, sous le rapport de la translation de propriété, innové sur le régime précédent? Oui, mais ce n'est pas en imposant à la translation de propriété une condition nouvelle, la transcription; c'est, au contraire, en la débarrassant de la formalité de la tradition réelle ou feinte. L'article 1583 est à cet égard aussi formel que possible.

« Art. 1583. Elle (la vente) est parfaite *entre les* » *parties* et la propriété acquise de droit à l'acheteur à » l'égard du vendeur, dès qu'on est convenu de la » chose et du prix, quoique la chose n'ait pas encore » été livrée, ni le prix payé. (Conf., Art. 938, 1138.) »

L'article 1583 laissait de côté, en la préjugeant, la question de la transcription; nous savons qu'elle a été résolue en un sens opposé à celui que certains articles auraient fait supposer. Mais l'article 91 du projet ne dérogeait au principe posé par l'article 1583, comme l'article 26 de la loi de l'an VII, qu'en faveur de quelques tiers ayants cause du vendeur.

Ni le Code de procédure, ni la loi du 23 mars 1855 n'ont innové sur la translation de propriété; l'article 1583 du Code Napoléon, qui était destiné à recevoir son application en même temps que l'article 91 du projet, a continué à être en vigueur sous ces deux lois.

Notamment pour la loi de 1855, nous remarquerons qu'elle emploie les mots *actes translatifs de propriété immobilière*. L'acte translatif reste tel en principe; par suite, le vendeur qui a perdu la propriété au moment de la vente, et qui depuis cet instant est investi d'un privilége, peut être dans l'obligation, pour le conserver, de se conformer à certaines prescriptions. La loi lui impose l'obligation de la transcription ou de l'inscription. Il est pour son privilége l'ayant cause de son acheteur, et le droit qu'il retire du contrat est soumis à des modes d'extinction que nous verrons plus loin.

Ainsi donc, pour nous résumer, sous l'empire de la loi de brumaire, du Code Napoléon, ou de la loi du 25 mars 1855, le privilége, conséquence de la translation de propriété, a une existence antérieure à la transcription de la vente. Il faut de toute nécessité reconnaître que, pour le privilége du vendeur, l'inscription ou la transcription devra avoir un effet rétroactif, à moins de transformer ce privilége en simple hypothèque. Dans cette opinion, quelle est donc la portée qu'il faut attribuer aux mots de l'article 2106 « et à compter de la date de l'inscription » ? On est obligé de reconnaître qu'ils se sont glissés là par une inadvertance du législateur, à moins qu'on n'y voie qu'une répétition de la règle déjà dite, que la première condition de la mise en exercice du privilége est son inscription. A ce point de vue, il est exact de dire que les priviléges n'ont d'effet qu'à la date de l'inscription; mais ce principe était déjà contenu dans les premiers mots de l'article 2106 : « Entre les créanciers, les priviléges » ne produisent d'effet à l'égard des immeubles qu'au- » tant qu'ils sont rendus publics par inscription. »

Cet effet rétroactif que l'on ne peut refuser à l'inscription choque beaucoup les partisans de la première opinion. Le législateur, dit-on, a voulu la publicité; il a voulu que les tiers, ignorant que des droits préférables aux leurs grèvent l'immeuble, ne pussent être victimes d'une erreur qu'on ne peut leur imputer à faute, et le système qu'on propose comme étant celui de la loi n'est autre que celui de la clandestinité, puisque le vendeur, quelle que soit l'époque où il fait connaître son privilége, prime tous les autres créanciers de l'acheteur. — Il semble que l'on s'exagère les conséquences désastreuses de ce système. En effet, ce principe de l'effet rétroactif ne s'applique qu'au point de vue du droit de préférence, et un tiers qui veut traiter avec l'acheteur, s'il est prudent, ne devra-t-il pas commencer par exiger la transcription de l'acte de vente, transcription qui fera apparaître le privilége? Nous reconnaissons toutefois qu'il eût été plus sage de donner au vendeur un délai passé lequel son droit dégénérerait en hypothèque ordinaire.

Quant au droit de suite, la loi s'était au contraire montrée trop sévère pour lui. L'article 2166 exige que les droits soient rendus publics, pour que le droit de suite puisse être exercé. Sous l'empire du Code, le vendeur ne pouvait utilement rendre son privilége public que jusqu'à la revente, qui pouvait intervenir très-rapidement. Après la promulgation du Code de procédure, c'était jusqu'à l'expiration du délai de quinzaine, date de la transcription de la revente. — La loi du 23 mars 1855 est revenue au système de la loi de brumaire an VII : le vendeur ne peut utilement prendre inscription sur son acheteur que jusqu'à la transcription de l'acte de revente. La loi de 1855 a cependant admis

un tempérament équitable. Elle accorde au vendeur
un délai de quarante-cinq jours, date de son propre
contrat, pendant lequel il peut prendre inscription
nonobstant toute transcription. Cette disposition est
en contradiction flagrante avec le premier système que
nous avons exposé sur la combinaison des articles 2106
et 2108. Voici l'hypothèse prévue par la loi. Primus
vend à Secundus un immeuble que celui-ci revend à
Tertius. Tertius fait transcrire son contrat de vente avant
que le premier contrat l'ait été. S'il était vrai que
Primus ne fût dessaisi de la propriété que par la transcription de la vente par lui consentie, la transcription
de la seconde vente ne saurait lui nuire. La loi de 1855,
prévoyant précisément cette hypothèse, décide tout le
contraire. Si la seconde vente est transcrite la première,
et que Primus ne se trouve plus dans le délai de quarante-cinq jours, date de la vente par lui passée, il est
déchu de son privilége. Conçoit-on ce privilége qui est
éteint avant de naître, et cet acheteur qui transmet
plus de droit qu'il n'en avait lui-même ? — Nous reviendrons sur cet article 6 de la loi de 1855 dans le chapitre suivant. Mais ce que nous voulons faire remarquer
dès à présent, c'est que cette décision ne s'explique
que par les raisons suivantes. L'acheteur est devenu
propriétaire par l'effet de la vente, en dehors de toute
transcription; il a cette qualité à l'encontre du vendeur
et tous ses ayants cause peuvent invoquer cette qualité,
par exemple un sous-acquéreur. Le vendeur, réduit à
la qualité de créancier, ne peut invoquer le privilége
qu'autant qu'il l'a conservé, et il ne l'a pas conservé
si, la revente ayant été transcrite, il a laissé écouler le
délai de quarante-cinq jours sans se mettre en règle.
Dans l'opinion que nous avons combattue, on a cherché

à mettre d'accord le système que l'on prête à la loi avec cette décision; l'on a dit que la loi exigeait une transcription, qu'il importait peu que ce fût tel ou tel acte qui fût transcrit. Mais on répond que ceci ne peut se soutenir, que la transcription qui peut seule dessaisir le vendeur est celle qui ferait apparaître son privilége, et l'on ne saurait dire que la transcription de la sous-acquisition fait apparaître le privilége du vendeur primitif, puisque la loi dit le contraire. Si cette transcription fait apparaître le privilége du vendeur et l'éteint en même temps, qu'est-ce que cette théorie d'un droit mort-né?

CHAPITRE V.

DES FINS DE NON-RECEVOIR APPOSABLES AU PRIVILÉGE.

Nous n'avons à nous occuper ici que des modes d'extinction du privilége par voie principale. Attaché à une créance qu'il garantit, le privilége ne saurait lui survivre. Aussi tous les modes d'extinction de la créance, lorsqu'ils se sont produits, entraînent comme conséquence l'extinction du privilége. (Art. 2180, 1°.) En première ligne se place le payement. La novation, qui ne se présume pas (art. 1273), entraîne l'extinction du privilége. C'est une question de fait : cependant nous dirons que le vendeur qui a reçu des billets n'est pas présumé avoir renoncé à la créance primitive, et que l'on ne saurait induire de cela seul qu'il n'a plus l'action privilégiée. S'il y avait constitution de rente, et qu'elle fût établie par l'acte de vente, nous ne devrions pas admettre qu'il y a novation de ce fait qu'un prix de vente a été fixé, et nous ne devrions y voir que la fixation de la somme pour laquelle la rente devrait être rachetée. Si la constitution de rente était postérieure, la solution devrait être différente. De même la prescription de la créance qui s'opère par trente ans, éteint le privilége : l'article 2225 reçoit ici son application. Cette prescription pourrait être opposée par toute personne ayant intérêt, alors que l'acheteur y renoncerait.

1º *Renonciation.*

Le vendeur qui a un privilége pour garantir sa créance peut y renoncer, et le privilége se trouve alors éteint. Lorsque nous avons étudié la nature du droit de privilége, nous avons dit que, selon nous, le privilége, hypothèque privilégiée, était, comme les hypothèques ordinaires, un droit immobilier. Pour que la renonciation soit valable, il faudra qu'elle émane d'une personne capable d'aliéner les biens immobiliers. La renonciation au privilége ne constitue pas une donation, et par suite, n'est pas révocable pour ingratitude ou survenance d'enfants. Cependant elle n'est possible que de la part de celui qui pourrait faire une donation. Aussi enseignerions-nous que le tuteur même autorisé par le conseil de famille ne peut y renoncer, cette renonciation, peu probable il est vrai, ne pouvant à aucun titre rentrer dans le cercle des actes sur lesquels la loi leur donne le droit de se prononcer. Si cette renonciation avait lieu à titre onéreux, nous dirions qu'il faut avoir la capacité d'aliéner un immeuble. Ainsi le tuteur d'un mineur ou d'un interdit ne saurait la consentir qu'avec l'autorisation du conseil de famille et après homologation du tribunal. Le mineur émancipé devra se faire assister de son curateur. La femme mariée, alors que la créance serait comprise dans les biens dont elle aurait la libre administration, devra se faire autoriser par son mari, et, à son défaut, par la justice.

2º *Prescription.*

La prescription dont il est ici question est celle relative

au privilége et non celle de la créance, dont la conséquence est l'extinction du privilége.

« Article 2180. Les priviléges et hypothèques s'étei-
» gnent : . . . .

» 4° Par la prescription.

» La prescription est acquise au débiteur, quant aux
» biens qui sont dans ses mains, par le temps fixé pour
» la prescription des actions qui donnent l'hypothèque
» ou le privilége.

» Quant aux biens qui sont dans les mains d'un tiers
» détenteur, elle lui est acquise par le temps réglé
» pour la prescription de la propriété à son profit; dans
» le cas où la prescription suppose un titre, elle ne
» commence à courir que du jour où il a été transcrit
» sur les registres du conservateur.

» Les inscriptions prises par le créancier n'inter-
» rompent pas le cours de la prescription établie par la
» loi en faveur du débiteur ou du tiers détenteur. »

La loi prévoit deux hypothèses : dans l'une, le bien vendu se trouve encore entre les mains du débiteur; dans l'autre, il est entre les mains d'un tiers détenteur.

Dans le premier cas, le privilége n'est éteint qu'autant que l'action principale est éteinte. Toute cause d'interruption ou de suspension de prescription de l'action principale interrompra ou suspendra la prescription des priviléges. La première disposition du § 4 ne fait pas double emploi avec le § 1 de l'article 2180. La loi a voulu proscrire d'une manière absolue la règle romaine, d'après laquelle l'action hypothécaire survivait pendant dix ans à l'action civile éteinte par prescription (Loi 7, C. liv. 7, tit. 39, *De præscriptione triginta vel quadraginta annorum*). La loi a voulu en outre établir une opposition avec la seconde disposition relative au cas où le bien se trouve entre les mains d'un tiers détenteur.

Si le bien se trouve entre les mains d'un tiers détenteur, le privilége peut se trouver prescrit indépendamment de l'action principale. Nous avons déjà dit que le tiers détenteur peut invoquer la prescription de l'obligation principale. (Art. 2225.) Il faut donc supposer que l'obligation principale n'est pas éteinte.

L'immeuble ne se trouvant plus entre les mains de l'acquéreur, le possesseur actuel n'est pas toujours un tiers détenteur. En effet, le tiers acquéreur peut avoir été délégué par l'acheteur primitif, et si la délégation a été acceptée, qu'elle soit du reste parfaite ou imparfaite, comme le tiers acquéreur se trouve personnellement tenu à l'acquittement de la dette, il ne peut invoquer le titre de tiers détenteur. De même, s'il y a eu des notifications et offres à fin de purge, il ne pourrait invoquer cette qualité. Il serait personnellement tenu à raison du quasi-contrat intervenu entre lui et les créanciers du vendeur.

Pouvant invoquer sa qualité de tiers détenteur, le possesseur actuel acquiert la libre propriété par le temps nécessaire pour l'acquisition de la propriété. Le délai nécessaire varie suivant qu'il y a bonne ou mauvaise foi. Dans le premier cas, le délai varie de dix à vingt ans. L'on s'est demandé si l'inscription du privilége du vendeur constituait de mauvaise foi le tiers détenteur. En présence des termes de la loi, il semble qu'il faille dire non. Le législateur, organisant un système de publicité des priviléges et hypothèques, aurait pu décider que la publicité légale donnée à un droit constituait le tiers de mauvaise foi ; mais il ne l'a point fait, et nous ne saurions suppléer à son silence. Nous

dirons donc que le seul fait que le privilége du vendeur était inscrit ne constitue pas le tiers détenteur de
mauvaise foi, puisque le législateur n'a pas expressément dérogé au principe posé par l'article 2268, d'a-
près lequel la bonne foi se présume. Remarquons seulement que ce fait peut servir au juge pour former sa
conviction dans la question de bonne ou de mauvaise foi.
N'oublions pas du reste que l'estimation de la bonne ou
de la mauvaise foi se pose au moment de l'acquisition.
(Art. 2269.) Il ne servirait de rien au vendeur de
prouver que le tiers acquéreur a connu après son acquisition l'existence du privilége.

Quel est le point de départ du délai de la prescription? Pour celle qui s'accomplit par trente ans, pas de
difficulté : c'est le moment même de la prise de possession. Mais quand la prescription suppose un titre, c'est-
à-dire quand c'est la prescription de dix à vingt ans,
la loi décide que le point de départ sera la transcription du titre. A ce sujet une difficulté peut s'élever.
Que devrons-nous résoudre quand le tiers acquéreur,
ayant titre et bonne foi, se trouverait, à raison de
l'époque où la transcription a été opérée, dans le cas
d'invoquer seulement la prescription trentenaire? Le vendeur pourra-t-il, argüant de ce qu'il y a titre, prétendre
qu'il n'y a pas prescription, ou, au contraire, le tiers
détenteur pourra-t-il, mettant de côté son titre, prétendre avoir éteint par la prescription de trente ans le
droit du vendeur primitif? Voici notre hypothèse : Primus vend à Secundus, celui-ci revend à Tertius, qui
entre de suite en possession et ne fait transcrire son
titre que quinze années après la vente. A raison de la
situation des domiciles, la prescription basée sur un titre
et une bonne foi devra être de vingt ans. Plus de trente

ans après l'acquisition de Tertius, mais moins de vingt ans depuis la transcription de son titre, Primus agit contre Tertius en délaissement. Tertius veut le repousser à raison de la prescription trentenaire. Primus serait-il fondé à dire à Tertius : Je ne conteste pas votre bonne foi, qui est présumée. (Art. 22688.) Quant à mon privilége, je suis l'ayant cause de Secundus, je puis donc invoquer la vente intervenue entre vous et Secundus. Vous avez donc un titre, et par suite le point de départ de la prescription que vous pourriez m'opposer est le jour de la transcription de ce titre ; et depuis cette époque le délai légal ne s'est point écoulé ?— Il nous semble que Tertius serait fondé à répondre : Sans vouloir alléguer ma mauvaise foi, puisque *nemo auditur turpidinem suam allegans,* je remarquerai que si la loi m'accorde le bénéfice d'une prescription réduite, c'est une faveur qu'elle me fait, et que ce bénéfice ne peut être retourné contre moi. En outre, vous Primus, vous êtes de ceux auxquels mon titre n'est pas opposable avant sa transcription ; le bénéfice de la transcription, je puis encore y renoncer et supposer que je ne me suis pas conformé à la loi. Je ne saurais, parce que j'ai titre et bonne foi et que je me suis conformé aux lois, être traité plus mal que le possesseur de mauvaise foi, qu'un usurpateur ordinaire.

Nous avons dit que le tiers détenteur pouvait invoquer la prescription de la créance du prix. (Art. 2225.) Dans ce cas, il doit subir toutes les interruptions ou suspensions de prescriptions de la créance. Si, au contraire, il invoque la prescription du privilége par voie principale, il ne peut et ne doit subir que les interruptions et suspensions de la prescription du privilége. Ces deux prescriptions sont indépendantes, et les causes

— 160 —

d'interruption et de suspension de l'une laissent l'autre intacte. La loi (art. 2180, 4° *in fine*) ne regarde pas comme interruptif de prescription le fait de prendre ou de renouveler une inscription. Cela tient à ce que, si la prescription est basée sur une renonciation tacite de créance, elle a une autre base, l'intérêt de la sécurité des propriétés, et c'est pour cela que la loi exige que les actes interruptifs soient dirigés contre celui qui pourrait invoquer la prescription.

3° Faillite de l'acheteur.

« Art. 2146. Elles (les inscriptions) ne produisent » aucun effet, si elles sont prises dans le délai pendant » lequel les actes faits avant l'ouverture des faillites » sont déclarés nuls. »

D'après cet article, quand une inscription de privilége ou d'hypothèque était prise dans la période de temps pendant laquelle les actes étaient annulés, elle ne produisait aucun effet, et le créancier était déchu de son privilége. Au moment de la rédaction de l'article 2146, on était sous l'empire de l'ordonnance de mars 1673, complétée par la déclaration de novembre 1702. L'ordonnance déclarait nulle l'acquisition d'un droit de privilége ou d'hypothèque depuis le jour fixé par le jugement déclaratif de la faillite pour l'ouverture de la faillite, et même dans les dix jours qui précédaient. Le Code est venu déclarer nulle l'inscription d'un droit acquis avant cette période. Pour l'inscription du droit acquis pendant cette période, elle était nulle par suite de la nullité dont était frappé le droit lui-même. L'ancien article 443 du Code de commerce reproduisant les nullités édictées par l'ordonnance. Ce système a paru trop dur; aussi la nouvelle rédaction du Code de commerce l'a-t-elle tempéré. La décision de l'article 448 est double. A partir du jugement déclaratif de faillite, aucune inscription ne peut être valablement prise. La nullité dans ce cas résulte d'un simple rapprochement de dates, celle du jugement déclaratif de faillite, celle de l'inscription. A partir du jugement, le vendeur ne peut utilement prendre inscription sur son acheteur; il est déchu de son privilége, puisque celui-ci n'a d'effet que par l'inscription.

La seconde décision de l'article 448 est la suivante :

« Néanmoins, les inscriptions prises après l'époque » de la cessation des payements ou dans les dix jours » qui précèdent pourront être déclarées nulles s'il » s'est écoulé plus de quinze jours entre la date de » l'acte constitutif de l'hypothèque ou du privilége et » celui de l'inscription. » Ce que la loi veut dire, c'est que, si moins de quinze jours se sont écoulés entre l'acte constitutif du privilége, c'est-à-dire l'acte de vente, et l'inscription de ce privilége, cette inscription ne peut être annulée, que si, au contraire, plus de quinze jours se sont écoulés, le juge peut l'annuler sans y être obligé. L'annulation, au lieu d'être imposée au juge, est facultative pour lui; il ne devra la prononcer que s'il acquiert la conviction que le retard a pu causer à quelque créancier un dommage en l'induisant en erreur sur la solvabilité du failli. C'est une question de fait. Ce délai de quinzaine est du reste augmenté à raison de la distance entre le lieu où le droit est acquis et celui où il doit être transcrit. (Art. 448, *in fine*.)

L'application de cet article a donné naissance à quelques difficultés.

Dans l'article 2108, la loi décide que le privilége du

vendeur se conserve par la transcription de l'acte de vente aussi bien que par une inscription directe. Dans l'article 448 (C. com.), la loi ne parle que de l'inscription. Faut-il étendre sa décision à la transcription? A s'en tenir aux termes de la loi, il faudrait dire qu'après le jugement déclaratif de faillite le vendeur peut encore conserver son privilége par la transcription, que le juge ne peut prononcer la nullité de la transcription faite dans la période qui précède le jugement déclaratif, si elle est faite plus de quinze jours après la vente. A l'appui de cette première opinion, on dit que la décision de l'article 448 est une décision de rigueur, et qu'on ne peut suppléer à la loi en pareille matière ; on ajoute que la transcription est un acte indivisible, et qu'une fois accomplie, elle doit produire tous les effets que la loi y attache. Nous ne croyons pas cependant devoir nous.ranger à cette opinion. En effet, si dans l'article 448 le législateur ne vise que les inscriptions, dans l'article 2108 du Code civil il est dit que pour le vendeur transcription vaut inscription. Si la transcription devait produire quelque effet quand l'inscription serait impossible, la transcription vaudrait plus que l'inscription, ce qui paraît contraire à la pensée de la loi. Sous l'empire de la loi de brumaire la transcription valait simple réquisition à fin d'inscription, et la validité du privilége était subordonnée à l'accomplissement de cette formalité. Dans le Code, ce système a été abandonné pour le vendeur; dès qu'il y a transcription, l'inscription est réputée prise, mais ce n'est qu'à ce titre que la transcription préserve le privilége du vendeur. Quant à l'indivisibilité que l'on prétend établir dans les effets de la transcription, on n'en voit aucune trace dans la loi. Rien ne s'oppose à ce que, opérée à un moment, la transcription ait un effet qu'elle ne produit plus à un autre moment.

La première doctrine est encore soutenue avec des arguments différents. Nous avons vu que quelques auteurs enseignent que la propriété ne passe à l'acheteur que lors de la transcription. Dans ce système, tant que la transcription n'a pas été opérée, le vendeur resté propriétaire n'a à craindre aucune déchéance de son droit. Si l'acheteur est tombé en faillite et que la transcription ait été faite auparavant, comme la publicité donnée au droit est contemporaine de sa naissance, il ne saurait être question de la nullité pouvant résulter de ce que l'on a laissé écouler plus de quinze jours entre la naissance du droit et le moment où on le porte à la connaissance du public. Si la transcription n'est faite qu'après le jugement, comme elle ne peut être faite qu'à la demande des syndics, la transcription doit produire son effet pour la masse en faisant acquérir au failli la propriété, et contre la masse en faisant acquérir au vendeur son privilége. Nous ne reviendrons pas sur la discussion de ce système basé sur la nécessité de la transcription pour la translation de propriété, théorie que nous avons combattue ci-dessus.

Nous dirons donc que, après la faillite de l'acheteur, l'inscription du privilége du vendeur est impossible; que faite avant, mais pendant la période écoulée avant le jugement, depuis le jour fixé pour la cessation des payements ou dans les dix jours qui le précèdent, l'inscription peut être critiquée, et que son annulation est laissée à l'appréciation des magistrats; qu'il importe peu de quelle manière le privilége est porté à la connaissance du public, et que les dispositions relatives à l'inscription doivent s'appliquer à la transcription.

11.

A côté de cette hypothèse de la faillite de l'acheteur se place souvent celle de la faillite du vendeur, et de l'application des décisions de la loi à la transcription. Cette question est relative moins au privilége qu'à la validité de la vente. Aussi ne l'aborderons-nous que pour énoncer sans discussion ce que nous croyons être la vérité. Après la faillite du vendeur, la vente conclue auparavant, et non annulée comme entachée de fraude, peut être opposée aux créanciers de la faillite et la transcription opérée. Seulement, si les syndics de la faillite ont inscrit, conformément à la loi (art. 490, 517 C. com.), l'hypothèque que la loi reconnaît à la masse sur les immeubles du débiteur, la masse sera considérée comme créancière hypothécaire et jouira des droits attachés à cette qualité; sinon, elle se trouvera réduite aux droits du failli, c'est-à-dire au privilége.

4° Acceptation sous bénéfice d'inventaire de la succession de l'acheteur.

« Art. 2146-2°. Il en est de même (les inscriptions » ne produisent aucun effet) entre les créanciers d'une » succession, si l'inscription n'a été faite par l'un d'eux » que depuis l'ouverture, et dans le cas où la succes- » sion n'est acceptée que sous bénéfice d'inventaire. »

Ici, comme à propos de la faillite, on s'est demandé si la transcription du contrat de vente, opérée soit par l'héritier bénéficiaire de l'acheteur, soit par le vendeur, avait pour résultat de conserver le privilége, ou bien s'il fallait assimiler la transcription à l'inscription et décider que le vendeur était déchu de son privilége. La question est identiquement la même, et les mêmes raisons se sont produites en faveur des mêmes systèmes. Nous n'avons pas à y revenir; nous dirons ici, comme à propos de la faillite, que le privilége du vendeur ne saurait être conservé par la transcription.

Lorsqu'il n'y a qu'un seul héritier, la question est fort simple : le vendeur est déchu de son privilége. Mais il se peut qu'il y ait plusieurs héritiers prenant des partis différents. Outre ceux qui renoncent, la succession peut être acceptée purement et simplement par les uns, les autres peuvent se porter héritiers bénéficiaires. Quelle sera l'influence de cette diversité de partis sur l'existence du privilége du vendeur et son inscription? Plusieurs hypothèses sont à prévoir.

Il en est une au sujet de laquelle aucune difficulté ne peut naître : c'est le cas où, par l'effet du partage, le bien vendu est attribué à un des cohéritiers. Pour savoir si le vendeur a ou non conservé son privilége, il faut envisager uniquement la qualité de l'héritier dans le lot duquel le bien se trouve. Est-il héritier pur et simple, le privilége a pu être valablement conservé. Est-il héritier bénéficiaire, le privilége est perdu.

De même si le partage avait lieu en nature pour chaque lot, la même question s'élève et doit être résolue suivant la qualité de l'héritier qui en est devenu propriétaire.

La question est plus délicate lorsque c'est un tiers qui s'est rendu adjudicataire du bien. Quelques auteurs enseignent que, dans ce cas, le privilége est éteint pour le tout, l'effet de l'acceptation bénéficiaire est général et absolu. Nous ne pensons pas que cette doctrine doive être suivie; en effet, si pendant l'indivision quelqu'un des héritiers avait grevé sa part indivise d'un droit réel, le bien passerait au tiers acquéreur avec cette charge. Pourquoi n'en serait-il pas de même dans notre hypothèse? Pour la part indivise des héritiers purs et simples, le bien vendu pourra, par une inscription postérieure au décès, être grevé du privilége. Quant à la part des héritiers bénéficiaires, le bien passera franc et quitte entre les mains de l'adjudicataire, qui n'est que l'ayant cause des héritiers.

La décision de l'article 2146 a paru rigoureuse à beaucoup d'auteurs qui ont cherché à la restreindre par des distinctions. Le motif qui a décidé le législateur dans l'article 2146 est la présomption d'insolvabilité, et la volonté que, dans ce cas, le règlement des droits des créanciers se fît sur le pied où ils se trouvent lors du décès. Mais quand la succession, à raison de la qualité de l'héritier, ne peut être acceptée que sous bénéfice d'inventaire, la présomption disparaît, et, avec cette présomption, les conséquences qu'elle entraîne doivent disparaître. Aussi quelques auteurs enseignent que, dans ce cas, la disposition de l'article 2146 est inapplicable, et que l'inscription postérieure au décès conserverait le privilége. Cette distinction ne nous paraît pas devoir être admise en présence des termes si formels de l'article 2146, que nous sommes du reste fort loin de trouver équitable. Cette distinction n'a point de base dans la loi, et c'est à ce titre que nous la repoussons.

Si nous ne croyons pas pouvoir nous soustraire par des distinctions à l'application d'une loi que nous trouvons rigoureuse même dans le cas où l'acceptation bénéficiaire est facultative, nous profitons de ce que la loi est muette à l'égard des successions vacantes pour ne pas leur appliquer la règle spéciale aux successions bénéficiaires, quelque analogie que présentent les deux situations. L'opinion contraire a cependant été soutenue à cause précisément de l'analogie. Mais le motif qui nous décide est qu'il s'agit de déchéances que l'on ne saurait étendre à des cas que la loi n'a pas prévus.

5° Reventes (ventes volontaires ou forcées, ordinaires ou judiciaires).

Quand l'acheteur a revendu l'immeuble par lui acquis, le vendeur primitif peut se trouver déchu de son privilége. Nous avons déjà touché cette question dans le chapitre précédent, et nous avons dit en quoi la décision du législateur de 1855 nous fournissait un argument contre l'opinion suivant laquelle la transcription serait nécessaire pour la translation de propriété. Voyons au juste quelle est cette décision.

Suivons, pour plus de clarté, l'ordre chronologique des lois qui ont régi cette matière.

Période de la loi de brumaire an VII. — Nous avons dit que sous l'empire de la loi de brumaire la propriété passait par le fait même de la vente à l'acheteur, que seuls quelques ayants cause du vendeur avaient le droit de méconnaître cette translation de propriété tant qu'il n'y avait pas eu transcription.—Aussi disons-nous, qu'alors, si l'acheteur revendait son immeuble, le nouvel acquéreur en devenait propriétaire comme le premier acheteur, mais que le vendeur qui, pour son privilége, est l'ayant cause de son acheteur, peut valablement inscrire son privilége jusqu'à la transcription de la sous-aliénation; mais que, s'il omet de le faire, il est déchu de son privilége. Dans l'opinion que nous avons combattue, l'on dit : le vendeur reste propriétaire jusqu'à la transcription, tant que cette transcription, qui fait apparaître son privilége en même temps qu'elle le crée, n'a pas été faite, il ne peut se voir opposer aucune vente ni revente. Si le sous-acquéreur fait transcrire son titre, il n'acquerra pas la propriété tant que celui de l'acheteur primitif n'aura pas été transcrit. Dans ce système, le vendeur n'a point à craindre de déchéance.

Sous l'empire du Code, la vente est parfaite par le seul consentement même au regard des tiers; les droits soumis à la nécessité de la publicité ne peuvent être inscrits après le jour où la vente a reçu date certaine. Le privilége du vendeur ne peut donc pas être conservé, soit par transcription, soit par inscription, après que la revente a reçu date certaine. Dans l'opinion contraire, il fallait dire que, la loi n'ayant pas consacré la nécessité de la transcription, le privilége du vendeur n'était pas soumis à la nécessité de la publicité, n'étant qu'une clause accessoire de la vente qui la suppose connue. La revente n'aurait donc pu faire perdre au premier vendeur son droit de privilége. Ce système peut-il être soutenu en présence des articles 2106, 2108, 2166?

Après la promulgation du Code de procédure, en 1806, la transcription redevient nécessaire pour arrêter le cours des inscriptions ou transcriptions. Seulement, tandis qu'après l'an VII c'était jusqu'à la transcription seulement que l'inscription pouvait avoir lieu, c'est, depuis l'article 834, jusqu'à l'expiration du délai de quinzaine depuis la transcription. Une seconde différence existait entre les deux systèmes de législation. Tandis qu'après la loi de brumaire il n'était pas nécessaire que le droit acquis eût reçu date certaine avant la vente, sous l'empire du Code de procédure cette condition était requise. Elle était toujours remplie quant au privilége du vendeur; en effet ce privilége était né de la vente qui avait saisi l'acheteur de la propriété; le sous-acquéreur, qui tenait ses droits du premier, ne pouvait les invoquer qu'à la condition de reconnaître cette première vente, qu'elle eût reçu date certaine ou non.—Dans l'opinion adverse, la transcription redevenant nécessaire, le privilége naît conservé depuis la promulgation du Code de procédure. Nous avons dit que la fin un peu énigmatique de l'article 834 avait paru fournir un argument en faveur de l'opinion suivant laquelle le propriétaire n'était dessaisi de la propriété de l'immeuble vendu que par la transcription de son titre de vente. Selon nous, le droit ainsi réservé au vendeur par la fin de cet article, était celui de conserver son droit par une transcription, alors qu'en général il fallait une inscription.

Loi de 1855 (**23 mars**). — Revenant au système adopté en l'an VII, le législateur décide que jusqu'à la transcription les droits acquis du chef du vendeur pourront être publiés, tandis qu'après l'accomplissement de cette formalité, ils ne le pourront plus. Le délai de quinzaine accordé par la loi de 1806 est supprimé. Alors, en principe, jusqu'à la transcription de la revente, le privilége du vendeur peut recevoir la publicité requise, après, il ne le peut plus. (Art. 6-1°.) Le législateur a fait une exception à ce principe. La revente peut être faite peu de temps après la première; elle peut ne pas tomber sous le coup de l'article 1167, c'est-à-dire qu'elle peut ne pas être susceptible d'annulation comme entachée de fraude. Dans ce cas, le vendeur auquel on n'avait pas de reproches sérieux à faire se trouvait déchu de son privilége. Le législateur de 1855 accorde avec raison au vendeur un certain délai pour conserver son privilége en lui donnant toute publicité, délai pendant lequel les transcriptions ne lui seront point opposables. Ce délai de quarante-cinq jours n'est pas pour lui un délai analogue à celui que la loi reconnaît au copartageant. Après son expiration, son privilége ne dégénère pas en simple hypothèque s'il n'a pas été inscrit. Si l'inscription est encore possible, son droit reste un privilége classé non par sa date mais par sa nature; seulement, au bout de ce délai, l'inscription peut en être impossible.

Nous avons dit que dans l'opinion adverse on cherchait à concilier cette décision de la loi avec le principe que la propriété ne passait à l'acheteur que par la transcription. La conciliation tentée ne nous a pas paru heureuse, ainsi que nous l'avons dit.

En résumé, adoptant l'opinion suivant laquelle, à aucune époque de notre législation, la transcription de la vente n'a été une condition nécessaire à l'existence du privilége qui naissait de la translation de propriété qui s'opérait soit par l'effet d'une tradition feinte, soit par la seule force du consentement des parties, nous dirons :

Que, ce privilége étant soumis à la nécessité de la publicité, le vendeur pouvait se trouver dans l'impossibilité de le faire utilement connaître; que cette impossibilité existait pour lui, sous la loi de brumaire, du jour de la transcription d'une revente, sous l'empire du Code civil, du jour où la revente avait reçu date certaine, sous l'empire du Code de procédure, après l'expiration d'un délai de quinze jours, date de la transcription de la revente ;

Que cette impossibilité existe pour lui, depuis la loi du 23 mars 1855, de la transcription de la revente, à moins qu'il ne soit encore dans le délai de quarante-cinq jours, date de la vente par lui consentie.

Ainsi, tandis que le vendeur peut valablement inscrire son privilége à l'égard des créanciers de l'acheteur à un moment quelconque, tandis que la loi n'a pas fixé de délai pendant lequel il dût faire connaître son droit sous peine d'être réduit à une hypothèque n'ayant de rang qu'à sa date, il doit avoir inscrit ou transcrit son droit avant la transcription d'une revente, à moins qu'il ne soit dans le délai de quarante-cinq jours.

Quelques auteurs ont soutenu que le délai de quarante-cinq jours, dont parle la loi de 1855, avait été établi même en faveur des créanciers hypothécaires; c'est-à-dire que, si le vendeur porte son droit à la connaissance des tiers dans le délai de quarante-cinq jours, on ne pourra lui opposer aucun droit inscrit pendant ce temps, tandis que, s'il laisse écouler ce délai sans se mettre en règle, il sera obligé de respecter les droits acquis par les tiers. D'après cette opinion, le législateur de 1855 aurait établi pour le privilége du vendeur, quant au droit de préférence, un système analogue à celui établi par le Code pour le privilége du copartageant. Nous disons système analogue et point identique. En effet, le copartageant qui ne s'est pas mis en règle dans le délai voulu est réduit à une simple hypothèque ne prenant rang qu'à sa date; et tous les créanciers, même antérieurs au partage, peuvent invoquer cette déchéance. Pour le vendeur, au contraire, si l'opinion énoncée était exacte, il ne serait réduit à une hypothèque prenant rang à sa date qu'au regard des créanciers inscrits depuis la vente. Pour ceux dont les créances remontent à une date antérieure, telles sont les hypothèques légales ou judiciaires, comme ils ne peuvent se plaindre que la clandestinité du droit du vendeur leur ait nui, ce dernier conserverait à leur égard sa qualité de privilégié.

Mais sur quoi se base cette doctrine? Sur l'analogie qu'il y a entre la transcription et l'inscription, analogie qui porte à croire que le mot *transcription* de l'article 6-2° comprend tout, et enfin surtout sur le désir où l'on est de porter un remède aux inconvénients résultant de l'effet rétroactif de l'inscription prise par le vendeur à un moment quelconque. De pareils motifs nous indiquent assez qu'il faut repousser cette doctrine. La dernière raison peut être prise en considération par le législateur, mais ne saurait faire céder une disposition positive de la loi. L'analogie que l'on prétend exister entre la transcription et l'inscription n'est pas absolue. Ce que la loi a voulu ici, c'est, tout en garantissant la libre disposition des biens et leur circulation, remédier au résultat fâcheux pour le vendeur d'une prompte revente suivie de transcription; le législateur n'a pas songé aux inscriptions, puisqu'il ne les a pas mentionnées. Restreint aux transcriptions, le délai de quarante-cinq jours est une faveur; étendu aux inscriptions, c'est une déchéance, et l'on sait qu'elles ne se présument pas. L'opinion qui nous semble préférable, c'est que le vendeur reste, quant au droit de préférence, sous l'empire de l'ancien droit, que la loi de 1855 n'apporte de modifications que quant au droit de suite.

Nous venons de voir que le vendeur qui ne s'était pas mis en règle pouvait se voir déchu de son privilége par la transcription d'une revente. S'il y a eu plusieurs ventes successives, quelle vente devra être transcrite pour qu'il en soit ainsi? Sur cette matière, l'opinion constante de la jurisprudence nous paraît contraire à la loi. Voici l'hypothèse que nous supposons. Paul vend à Primus, qui revend à Secundus, qui lui-même revend à Tertius. Aucune de ces ventes n'a encore été transcrite, quelle est celle dont la transcription opérée à la demande de Tertius, troisième acheteur, éteindra le privilége de Paul? Trois opinions sont en présence :

Suivant une première opinion, qui est celle de la jurisprudence, il suffit que Tertius transcrive l'acte qui le rend propriétaire, c'est-à-dire la vente passée entre lui et Secundus.

Suivant une seconde opinion, il faut distinguer : La vente passée entre Secundus et Tertius ne mentionne pas les ventes antérieures successives, alors Tertius devra transcrire son titre et celui de Secundus pour que le privilége de Paul soit éteint. Si au contraire cette vente mentionne les actes antérieurs, il lui suffira de la faire transcrire.

Suivant une dernière opinion, qui nous semble seule conforme à la loi, Tertius devra transcrire sa vente et celle consentie en faveur de Secundus pour éteindre le privilége de Paul, de même qu'il devrait transcrire la vente consentie par Paul en faveur de Primus pour arrêter le cours des inscriptions que l'on pourrait prendre du chef de Paul. Notre théorie est, en définitive, celle-ci : Quand il y a eu plusieurs ventes, pour arrêter le cours des inscriptions que l'on pourrait prendre du chef de l'un des vendeurs, il faut transcrire la vente par lui consentie.

Pour soutenir la première opinion, on s'appuie sur la combinaison des articles 1, § 1, et 3 de la loi de 1855.

« Art. 1. Sont transcrits au bureau des hypothèques » de la situation des biens :

» 1° Tout acte entre-vifs translatif de propriété » immobilière. »

« Art. 3. Jusqu'à la transcription, les droits résultant » des actes et jugements énoncés aux articles précé-

» dents ne peuvent être opposés aux tiers qui ont des
» droits sur l'immeuble et qui les ont conservés en se
» conformant aux lois. »

Cela veut dire que, si la transcription a été opérée,
ceux qui ont des droits sur l'immeuble et qui ne se
sont pas conformés aux lois ne peuvent plus se mettre
en règle. La loi ne distingue pas entre les ayants cause
du vendeur immédiat et ceux des vendeurs antérieurs.
L'effet attaché à la transcription est absolu, et cela est
naturel, puisque la publicité requise par la loi a été
donnée.

Ces arguments ne nous paraissent pas décisifs. En
effet, l'article 3 exige la transcription pour que le droit
soumis à cette formalité puisse être opposé à ceux qui
ont des droits sur l'immeuble et qui les ont conservés.
Mais cet article laisse entière la question de savoir quand
les tiers auront conservé leurs droits. Pour cela il faut
se reporter à l'article 6.

« Art. 6. A partir de la transcription, les créanciers
» privilégiés ou ayant hypothèque, aux termes des ar-
» ticles 2123, 2127 et 2128 du Code Napoléon, ne peu-
» vent prendre utilement inscription sur le *précédent*
» propriétaire. »

Ceux auxquels la transcription est opposable sont
donc les créanciers ayant à prendre des inscriptions sur
le *précédent* propriétaire. La transcription qui arrête le
droit de prendre une inscription est donc la transcription
de l'acte de vente consentie par le débiteur. — A l'appui de cet argument de texte, nous pouvons ajouter
que la première opinion est en contradiction avec
l'esprit de la loi. Le but que la loi poursuit, quel est-il ?
Le législateur a voulu que des tiers qui contracteraient
avec une personne ne pussent être victimes d'une erreur

invincible, il a voulu que ces tiers fussent prévenus que celui avec qui ils vont traiter est dessaisi de la propriété. Le sont-ils? Non. En effet, nous rappellerons que les registres hypothécaires sont tenus au nom des propriétaires et non pas au nom des immeubles. Pour avoir un état complet des charges qui grèvent un immeuble, il faut se reporter successivement aux noms des différents propriétaires. Si à un certain moment la suite de transcriptions est interrompue, les renseignements font défaut. Ainsi, dans notre espèce, ni Primus ni Secundus n'ont fait transcrire les ventes consenties en leur faveur; vienne un tiers qui ait besoin de connaître du chef de Primus les droits qui peuvent affecter l'immeuble, la transcription de la vente consentie en faveur de Tertius ne saurait lui servir d'aucun secours, puisqu'il ignore que Primus a été dessaisi de la propriété, qui, après avoir touché Secundus, réside actuellement sur la tête de Tertius. Si les registres hypothécaires étaient tenus au nom des immeubles, le premier système se comprendrait; car, se reportant au nom de l'immeuble, le tiers qui va traiter avec Primus serait mis en méfiance par la mention de la vente consentie par Secundus à Tertius. Mais il n'en est pas ainsi, cela est peut-être fâcheux; mais, tant que cette modification ne sera pas apportée à la tenue des registres, il nous sera impossible d'admettre que le tiers qui va traiter avec Primus puisse être prévenu par la transcription de la vente consentie par Secundus, transcription qui se fait au nom de Secundus. — Le but que la loi s'est proposé n'est donc pas atteint, et nous sommes autorisés à repousser le système de la jurisprudence comme contraire au texte de la loi, et comme contraire à son esprit et au but qu'elle poursuit.

C'est pour éviter cet inconvénient que les partisans de la seconde opinion font la distinction dont nous avons parlé. Ou la vente passée entre Secundus et Tertius mentionne les ventes antérieures, alors le conservateur, se reportant aux noms des propriétaires antérieurs, c'est-à-dire aux noms de Primus et de Paul, fera mention des actes de vente qui les ont dessaisis de la propriété. Ou la dernière vente ne les mentionne pas, alors la transcription des ventes antérieures est absolument nécessaire pour amener le dessaisissement de Primus et de Paul.

Cette distinction aurait pu être adoptée par le législateur; elle sauvegarde en effet tous les intérêts, à condition qu'il y ait une responsabilité imposée au conservateur. C'est cette responsabilité que nous ne voyons nulle part mentionnée dans la loi; il nous est impossible de la suppléer. A qui s'en prendra le tiers victime d'une négligence? est-ce au dernier acheteur? Mais celui-ci s'est mis en règle, nous le supposons, puisqu'il lui suffisait de faire transcrire son acte d'achat. Est-ce au conservateur qui n'a point fait les mentions? Mais la loi ne lui impose nulle part l'obligation de les faire. L'article 2108 impose bien au conservateur l'obligation de prendre sur l'acheteur inscription en faveur du premier vendeur, mais nullement de faire les mentions qui sont le complément nécessaire de la publicité, telle qu'elle est organisée d'après le second système. — Quel est alors ce régime de publicité qui pour être complet dépend du bon plaisir d'un conservateur irresponsable?

C'est pour ces motifs que nous nous rallions au troisième et dernier système, d'après lequel un propriétaire n'est dépouillé *erga omnes* de sa propriété que par la transcription de la vente par lui consentie; d'après lequel, tant que cette formalité n'est pas accomplie, tous ceux qui ont acquis de son chef un droit réel, soumis à l'obligation de la publicité, peuvent encore se conformer aux prescriptions de la loi sans qu'on puisse leur opposer les transcriptions de reventes. Or parmi ces ayants cause se trouve le propre vendeur de ce vendeur, qui pourra donc publier son droit? Ainsi dans notre hypothèse et avec les noms que nous avons donnés, Paul pourra valablement conserver son privilége, soit par transcription, soit par inscription, tant que son acheteur, Primus, n'aura pas été désinvesti de la propriété par la transcription de la vente passée entre lui (Primus) et Secundus. Pareil résultat ne saurait être produit par la transcription d'une sous-acquisition, par exemple de celle de Tertius.

Ainsi, dans l'hypothèse où nous nous sommes placés, de plusieurs ventes successives dont aucune n'a été transcrite, notre conclusion est la suivante :

Tertius, en faisant transcrire son titre d'achat, met obstacle à toute inscription du chef de Secundus, notamment celle du privilége de Primus vendeur. En faisant transcrire l'acte d'achat de Secundus, il met obstacle à toute inscription du chef de Primus, notamment celle du privilége de Paul, le vendeur originaire. Enfin, en transcrivant l'acte d'achat de Primus, il met obstacle à toute inscription du chef de Paul. Si, au lieu de suivre cet ordre, il suivait l'ordre inverse, le résultat serait inverse quant aux priviléges des vendeurs originaires qui apparaîtraient tous successivement. Un des résultats auxquels on arrive ainsi a paru choquant aux partisans de la doctrine de la transmission de la propriété par l'effet de la transcription. Comment concevoir, disent-ils, que Paul se voit dépouiller de son privilége par la transcription de la vente consentie par Primus, alors que ses ayants cause conservent le droit de prendre utilement des inscriptions sur lui, et qu'il soit nécessaire pour y mettre obstacle de faire une seconde transcription? Bizarre en apparence, ce système n'a rien de choquant au fond. En effet, Paul ne pouvait ignorer la vente par lui consentie, il ne peut se plaindre s'il est déchu de son privilége par la transcription de l'achat de Secundus, il ne peut s'en prendre qu'à sa négligence. Au contraire, les ayants cause de Paul ont pu l'ignorer, ils l'ignorent même légalement tant que l'achat de Primus n'a pas été transcrit. Ce sont eux précisément que la loi entend protéger en exigeant la transcription de ce premier acte de vente.

Nous avons supposé dans tout ce que nous avons dit ci-dessus que la vente intervenue la seconde était volontaire. Mais la décision serait la même si elle était forcée, si elle avait lieu en justice. La transcription seule mettrait fin pour le vendeur à son droit de prendre inscription.

Il est cependant un cas où l'on applique encore la règle posée par l'article 834 du Code de procédure. C'est celui d'expropriation pour cause d'utilité publique. L'article 17 de la loi du 3 mai 1841 décide que les créanciers ayant privilége ou hypothèque doivent s'inscrire dans le délai de quinzaine, date de la transcription du jugement d'expropriation ou de la vente amiable (art. 19-1°). Cette solution a été contestée, beaucoup d'auteurs enseignent que la loi du 23 mars 1855 a eu pour résultat d'abroger la disposition de l'article 17, en tant qu'elle accorde un délai de quinze jours après la transcription du jugement d'expropriation. L'on se base, dans cette doctrine, sur les termes de l'article 1er.1° de la loi de 1855; « tout acte entre-vifs translatif de propriété immobilière », et, en outre, sur cette considération qu'il n'y a point de motifs de maintenir cette législation spéciale, qui n'avait sa raison d'être que sous l'empire du Code de procédure auquel elle était conforme. La jurisprudence est, avec raison, croyons-nous, fixée en sens opposé. En effet, il est inexact de dire que ce jugement d'expropriation rentre dans les actes translatifs de propriété tels que les entend le 1° de l'article 1er de la loi de 1855; si l'on rapproche ce paragraphe des suivants, l'on voit que la loi a fait aux jugements leur part et que le mot acte ne comprend pas les jugements. Comme la loi de 1855 ne vise pas les jugements d'expropriation, ceux-ci restent soumis au droit ancien en vertu de la règle *Generalia non derogant specialibus*. Il est encore inexact de dire que les positions soient identiques. Lors d'une vente on peut craindre que les tiers l'ignorent, tandis que le jugement d'expropriation a été entouré d'assez de publicité pour que pareil résultat ne soit pas à craindre. Aussi disons-nous qu'après le jugement d'expropriation et sa transcription, le vendeur peut encore inscrire, pourvu qu'il soit encore dans le délai de quinzaine. En outre, lors de la discussion de la loi de 1855, il a été formellement dit au Corps législatif que la loi nouvelle ne dérogeait pas à la loi sur l'expropriation.

A côté de cet effet produit par la transcription d'une sous-aliénation, au point de vue de l'inscription du privilége, se place un autre effet pour quelques-unes, c'est l'extinction du privilége alors qu'il est inscrit.

Le jugement d'expropriation pour cause d'utilité publique a ce résultat. L'on s'est demandé si c'était le jugement lui-même ou sa transcription. Il semble, si l'on adopte l'opinion suivant laquelle la loi de 1855 est étrangère aux expropriations, qu'il faille dire que c'est le jugement lui-même. Cette expropriation n'a pas en effet pour résultat l'extinction absolue du droit de privilége; elle a pour résultat une transformation de ce droit, et c'est le jugement lui-même qui opère la transformation. Le privilége est éteint en ce sens que les créanciers ne peuvent exiger la mise aux enchères; il subsiste en ce sens que, dans les rapports du vendeur avec les autres créanciers, son droit est réglé par l'ordre des priviléges et hypothèques sur le prix, et même qu'il peut ne pas se contenter du prix fixé à l'amiable, mais exiger qu'il soit fixé par le jury d'expropriation, conformément au titre IV de la loi du 3 mai 1841 (art. 17, *in fine*, et art. 18).

En cas de saisie immobilière, l'adjudication purge les priviléges et hypothèques [(art. 717-7° C. procéd. civ.) (Loi du 21 mai 1858)]. Comme pour l'expropriation, l'effet n'est pas de détruire tout droit, mais seulement de reporter le droit du vendeur sur le prix d'adjudication.

A ce cas il faut assimiler les adjudications sur surenchère : soit du dixième après aliénation volontaire suivie de purge [(art. 838-7° C. proc.) (modif. lois du 2 juin 1844-21 mai 1858)], « L'adjudication par suite » de surenchère sur aliénation volontaire ne pourra être » frappée d'aucune autre surenchère »; soit du sixième après les ventes faites en justice autrement que par expropriation forcée (art. 708, 710-2°, 965-2°, 975-6°, 988-2°, cbn. C. proc. civile); soit du dixième dans le cas prévu par l'article 573 du Code de commerce.

Ces adjudications purgent les hypothèques ou priviléges, qu'ils aient été inscrits, soit avant le commencement des poursuites, soit pendant ces poursuites, soit même entre le jugement et sa transcription. Pour le privilége du vendeur, ces deux derniers cas ne peuvent se présenter en cas de surenchère par suite de la purge ou de faillite de l'acheteur, puisque soit la transcription de la revente, soit le jugement déclaratif de faillite, mettent obstacle, ainsi que nous l'avons vu, à l'inscription de son droit.

Excepté l'adjudication sur expropriation forcée, il faut que les ventes judiciaires aient lieu sur surenchères : telles sont les adjudications en cas de vente de biens de mineurs, de biens dépendant d'une succession vacante ou bénéficiaire, ou d'une faillite. Pour ce dernier point la solution est contestée; on compte jusqu'à trois autres opinions. Suivant l'une, la purge serait produite en vertu de l'article 573 (C. com.) qui n'accorde qu'un délai de quinzaine; d'après la seconde, il faudrait distinguer ceux des créanciers ayant droits réels qui ont pris part aux opérations de la faillite; suivant la troisième, l'adjudication n'aurait d'effet qu'à l'égard des créanciers du failli et point à l'égard de ceux des propriétaires antérieurs. Mais on répond à ces opinions : que l'article 572 exige les formes prescrites pour les ventes de biens de mineurs; que l'article 964 (C. proc. civ.) à ce relatif ne renvoie pas à l'article 717 sur l'adjudication après expropriation forcée; que l'article 573 (C. com.) n'est pas explicite dans ces trois premiers alinéas, et, qu'en tout cas, l'interprétation que nous combattons est démentie par le dernier alinéa de cet article 573, qui décide qu'en cas de surenchère, il n'y aura pas lieu à nouvelle surenchère, et « *qui dicit de uno negat de altero* ».

Il est un dernier cas où le privilége du vendeur est éteint, c'est celui où le tiers acquéreur accomplit les formalités de la purge. Nous avons dit que l'adjudication sur surenchère, en cas d'aliénation volontaire suivie de purge, purgeait les priviléges et hypothèques. Il en est de même quand, ce tiers acquéreur ayant accompli les formalités requises par la loi (transcription, notification, etc.), le vendeur ou l'un des créanciers hypothécaires n'a pas, dans les formes et délais voulus, requis la mise aux enchères.

Nous n'avons pas à nous occuper ici des difficultés qui peuvent naître à propos de l'interprétation des règles auxquelles la loi a soumis ces différentes procédures.

6° *Défaut de renouvellement des inscriptions.*

Aucune contestation ne s'élève plus sur le point de savoir si l'inscription que le conservateur a dû prendre d'office est soumise à la nécessité du renouvellement. Un avis du conseil d'État, inséré au *Bulletin des lois,* tranche la question dans le sens de l'affirmative. (Avis du conseil d'État du 12 janvier 1808.)

Mais les avis se partagent sur la sanction de cette obligation.

Un instant l'on a dit que le vendeur qui n'aurait pas renouvelé son inscription en temps utile serait déchu de son privilége et n'aurait plus qu'une simple hypothèque à la date du renouvellement. Nous n'insisterons pas sur cette opinion, qui ne saurait trouver de base dans la loi, car le vendeur qui aurait pu, par une inscription tardive, conserver son privilége comme tel, le peut encore par un renouvellement.

Dans une seconde opinion, le privilége une fois porté

à la connaissance des tiers par la transcription ne peut plus périr faute de publicité, seulement le vendeur est tenu de renouveler son inscription sous les mêmes peines que le conservateur est tenu de la prendre tout d'abord. Le privilége est réputé connu sitôt que la transcription est opérée ; son existence est indépendante de l'inscription que le conservateur doit prendre.

« Cela posé, se peut-il qu'un privilége puisse périr par
» la péremption d'une inscription dont il était complé-
» tement indépendant ? Quoi ! si cette inscription n'eût
» pas été effectuée, il subsisterait pleinement efficace,
» et parce qu'elle aura été prise, elle l'éteindra dès
» qu'elle cessera de valoir ! Cela est vraiment inadmis-
» sible. La péremption n'a et ne peut avoir d'autre
» effet que de mettre les choses dans l'état où elles
» seraient, à supposer que l'inscription qu'elle éteint
» n'eût jamais été prise. Or, nous le répétons, si elle
» n'eût pas été prise, l'effet conservatoire de la trans-
» cription devant durer autant qu'elle, eût été comme
» elle indéfini dans sa durée.

» Notre raisonnement frapperait à faux sans doute,
» si nous devions admettre, avec quelques auteurs,
» que la *transcription* est elle-même soumise au renou-
» vellement décennal. Mais il suffit de considérer les
» termes des lois particulières à cette matière pour
» rester convaincu qu'elles n'ont trait qu'aux *inscrip-*
» *tions.*

» ..... Nous avons donc à rechercher par quelle
» coercition la loi assure l'obéissance à sa prescription.
» A cet égard une idée bien simple s'offre à notre es-
» prit..... Le vendeur doit, ce nous semble, être tenu,
» *sous peine de tous dommages et intérêts envers les tiers ;*
» car du moment qu'elle le substitue au conservateur à

» l'effet de veiller par la voie d'une inscription à la
» publicité du privilége, il est naturel de penser que
» l'obligation qu'elle fait passer de l'un à l'autre n'est
» autre que celle qu'elle a pris soin d'organiser dans
» l'article 2108. La personne de l'obligé est changée,
» l'obligation reste la même.....

» Les termes du décret ne répugnent point à notre
» solution, ils lui prêtent un appui décisif. « Lors, y est-
» il dit, que l'inscription est nécessaire pour constituer
» l'hypothèque, le renouvellement est nécessaire pour
» la conserver. Quand, au contraire, l'hypothèque
» existe indépendamment de l'inscription, et que celle-
» ci n'est ordonnée que sous des peines particulières,
» elle doit être renouvelée sous les mêmes peines. »
» Là est toute notre doctrine. .... Ainsi, d'une part, le
» vendeur dont le privilége est *transcrit* le conserve
» nonobstant la péremption de l'inscription d'office;
» d'autre part, il est tenu envers les tiers du dommage
» qu'a pu leur causer la péremption de l'inscription
» qu'il a laissé éteindre, bien qu'il dût dans leur intérêt
» l'entretenir. » (Mourlon, *Transcription*, §§ 694, 695,
696.)

Nous ne pouvons admettre cette doctrine, aussi nous
rallions-nous à l'opinion générale suivant laquelle, après
la péremption de l'inscription d'office, le vendeur est
réputé n'avoir jamais donné de publicité à son privilége,
et encourt toutes les déchéances qui peuvent être survenues avant qu'il ait pris une nouvelle inscription qui
vaudra comme une inscription nouvelle.

L'opinion contraire est basée sur cette proposition :
le privilége subsiste nonobstant la péremption, car si
l'inscription n'avait pas été prise, il subsisterait. C'est
précisément ce point que nous ne saurions admettre.

L'article 2108 décide formellement que pour le vendeur transcription vaut inscription. (L'auteur de ce système le reconnaît lui-même quand il décide, à propos de la faillite de l'acheteur, que son privilége ne saurait être conservé par la transcription.) Or, l'inscription vaut pendant dix ans pour conserver le privilége, la transcription vaudra pendant le même temps. Cela ne veut pas dire que la transcription soit soumise à la nécessité du renouvellement; la transcription a double effet, l'un à l'égard de la translation de propriété, et cet effet est indéfini; l'autre à l'égard du privilége, et cet effet est assimilé à celui produit par une inscription. Il nous est difficile d'admettre comme concordantes ces deux idées : — la loi assimile les deux formalités, transcription et inscription (au point de vue du privilége), — « mais » il se peut que, tandis que l'effet conservatoire de l'in- » scription est temporaire, l'effet conservatoire de la » transcription soit perpétuel. » (Mourlon, *loc. cit.*) L'on peut dire que pour le vendeur, après la transcription de la vente, il y a une présomption en sa faveur, *juris et de jure, erga omnes,* que l'inscription a été prise. Au bout de dix ans cette présomption tombe, il faut qu'il y ait eu renouvellement.

Quant à la sanction, elle ressort évidemment de ce que nous venons de dire. La péremption d'inscription met les choses dans l'état où elles seraient si jamais son droit n'avait reçu de publicité. Lorsqu'il renouvellera, ce sera moins un renouvellement qu'une inscription nouvelle. S'il est encore en droit de la prendre, cette inscription aura un effet rétroactif au jour de la vente; sinon, il devra subir toutes les déchéances qui auront pu se produire depuis le jour où la transcription a été faite.

L'acheteur est-il tombé en faillite? Sa succession a-t-elle été acceptée sous bénéfice d'inventaire? A-t-il consenti une revente qui a été transcrite? Dans tous ces cas, le privilége du vendeur sera perdu, ainsi que nous l'avons dit plus haut.

A propos du renouvellement de l'inscription, ajoutons que les événements que nous avons passés en revue (faillite, décès suivi d'acceptation sous bénéfice d'inventaire de la succession, revente) ne mettent pas obstacle au renouvellement de l'inscription en temps utile, tandis que nous venons de dire qu'il en serait autrement, si la péremption s'était produite. La question de savoir quelle est l'utilité d'un renouvellement dans ces cas, c'est ce que nous n'avons pas à voir ici; la question est commune à tous les priviléges et hypothèques soumis à la nécessité de l'inscription.

TITRE DEUXIÈME.

DROIT DE RÉSOLUTION.

Le second droit que la loi reconnaît au vendeur non payé est le droit de demander la résolution du contrat.

L'article 1184 du Code Napoléon pose le principe général pour les contrats synallagmatiques.

« Art. 1184. La condition résolutoire est toujours » sous-entendue dans les contrats synallagmatiques, » pour le cas où l'une des parties ne satisfera point à » son engagement. »

L'article 1654, au titre de la vente, reproduit le même principe.

« Art. 1654. Si l'acheteur ne paye pas le prix, le » vendeur peut demander la résolution de la vente. »

Nous aurons à étudier sur cette matière plusieurs points.

Chapitre Ier. Historique.

Chapitre II. Nature du droit de résolution et compétence des tribunaux.

Chapitre III. Quand et à quelles conditions la résolution peut-elle être demandée?

Chapitre IV. Qui peut la demander?

Chapitre V. Contre qui peut-elle être demandée?

Chapitre VI. Des effets de la résolution.

Chapitre VII. De la publicité à donner au jugement prononçant la résolution.

Chapitre VIII. De la perte du droit de demander la résolution.

CHAPITRE PREMIER.

HISTORIQUE.

1° *Droit romain.*

Le droit romain ne connaissait pas la résolution pour inexécution des obligations. Il fallait, pour que le vendeur en particulier pût faire prononcer la résolution de la vente, qu'il eût fait insérer dans le contrat le pacte commissoire. Nous avons étudié les effets de cette clause et ce que nous croyons être la doctrine romaine sur cette matière.

2° *Droit ancien* (1).

Les principes du droit romain sur la vente avaient passé dans notre ancienne législation. De même qu'à Rome, la vente, contrat consensuel, ne créait que des obligations personnelles; pour qu'il y eût translation de propriété, il fallait tradition.

Alors même qu'il y avait tradition, si la vente était faite sans terme, la propriété ne passait à l'acheteur qu'après le payement du prix, jusqu'à ce moment le vendeur était resté propriétaire et il pouvait revendiquer. L'effet de cette revendication n'était pas de résoudre le contrat, qui était maintenu, mais de faire rentrer le vendeur en possession du bien. Ainsi il n'y avait pas résolution de la vente.

Quand la vente était faite à terme et qu'il y avait eu tradition, la propriété passait à l'acheteur, et le ven-

---

(1) Ces détails sont empruntés à l'ouvrage de M. Léveillé sur *la Résolution pour inexécution des conventions.*

deur n'avait pour se faire payer qu'une action personnelle. On avait paré à cet inconvénient en permettant
au vendeur, lorsqu'il faisait la tradition, d'exiger son
maintien en possession. Il détenait alors *jure pignoris*
l'immeuble dont il avait détruit la propriété. La translation de propriété résultait alors d'une tradition feinte,
d'une clause de constitut possessoire. Le vendeur pouvait encore, tout en perdant la possession, conserver
des garanties suffisantes, il lui suffisait de faire la tradition à titre de précaire ou de bail. Dans ce cas l'a-
cheteur acquérait bien la possession, mais point la
propriété, qui ne lui était transférée qu'au moment où
il payait le prix. Le vendeur, qui n'avait pris aucune de
ces précautions, qui, en un mot, avait suivi la foi
de l'acheteur, se trouvait réduit à son action personnelle.

Mais, dans aucun cas, le droit de rétention ou de
revendication que le vendeur avait conservé ne lui
donnait le droit de faire prononcer par autorité de
justice la résolution du contrat de vente, les obligations personnelles subsistaient entières.

La législation ancienne finit par admettre le droit de
résolution. Mais il est nécessaire, avant d'étudier la loi
civile, de dire quelques mots sur le droit canon et le
droit féodal. Après nous verrons les règles adoptées
aux pays de droit écrit et aux pays coutumiers.

§ 1. — *Droit canon.*

Le droit canonique eut au moyen âge à s'occuper de
beaucoup de matières de droit civil, notamment de cas
de résolution de contrats, soit synallagmatiques, soit
unilatéraux. L'usage avait été adopté d'ajouter une

clause pénale dans le cas d'inexécution des conditions, conformément au § 3 (liv. 1, tit. 1) des Sentences de Paul.

L'Église connaissait du serment et du parjure, et l'on prit facilement sous son influence l'habitude de sanctionner par le serment les contrats, et de soumettre ainsi celui qui le violerait aux peines spirituelles. L'emploi du serment avait en outre pour résultat de donner lieu à l'application de la loi d'Arcadius sur l'inexécution des conventions passées sous serment. (Loi 8, liv. 2, tit. 8., Code Théodosien, *De pactis*.) L'empereur avait édicté une quadruple peine, l'infamie, le payement de la clause pénale, la perte de l'action, la restitution des prestations reçues. Le résultat était de produire une résolution unilatérale au détriment de celui qui n'exécutait pas.

Le droit canon adopte sans difficulté les cas de résolution prévus par la loi civile. Mais la résolution pour inexécution des charges a-t-elle dans tous les contrats été sous-entendue dans la législation canonique? Cela semble douteux, malgré la règle : *Fidem non servanti fides non servatur.*

Mais quand il y avait lieu à prononcer la résolution d'un acte, l'usage du serment entraîna des conséquences d'une grande importance. En effet, celui qui violait son serment encourait l'excommunication. Cet usage des peines spirituelles dans les matières purement civiles est justifié par les canonistes, qui disent que l'acte illégal viole la règle spirituelle de la justice chrétienne. La résolution ayant pris un caractère pénal, ce n'était qu'à la dernière extrémité, et comme à regret, et après bien des lenteurs, qu'on la prononçait.

Le créancier dut donc déclarer son intention d'user de la clause résolutoire. Il en résulta forcément que le débiteur eut un délai pendant lequel il pouvait encore payer, et arrêter ainsi la demande de son créancier.

Il faut que le débiteur soit mis en demeure, car l'Église punit moins l'inexécution du contrat que la persistance coupable à ne pas l'exécuter.

Après l'arrivée du terme fixé, le débiteur peut encore échapper à la résolution en satisfaisant aux demandes de son créancier, la résolution *ipso jure* au jour dit ayant aux yeux de l'Église quelque chose d'usuraire.

Une sentence est nécessaire.

La résolution ne peut atteindre que ceux qui sont coupables, les mineurs doivent donc facilement être restitués contre l'inexécution, et les héritiers des débiteurs ne peuvent être poursuivis du chef de leur auteur.

Dans les cas où l'Église rattachait la résolution à une idée d'ingratitude, les héritiers des créanciers ne purent agir du chef de leur auteur que si celui-ci avait manifesté l'intention de poursuivre.

§ 2. — *Droit féodal.*

Le fief est un contrat entre le seigneur et le vassal par lequel le vassal reçoit un bénéfice, une tenure sous l'obligation de services et de fidélité.

Si le vassal n'exécute pas, s'il désavoue son seigneur, s'il se rend coupable de félonie, il encourt la *commise* du fief; la clause résolutoire est inutile.

L'Église voulut attirer à elle la connaissance de ces cas de résolution, sous le prétexte qu'il y avait serment prêté par le vassal. Les seigneurs résistèrent à ces prétentions. Ils furent amenés à ne pas voir dans le serment un élément constitutif du contrat. Ils se fondèrent pour leur demande sur l'inexécution des conditions. Ce principe fut retourné contre les seigneurs. Les vassaux agirent en résolution de la mouvance contre le seigneur immédiat qui ne les protégeait pas et ne remplissait pas ses obligations. Ils ne l'auraient pu à titre de donateurs et pour ingratitude.

Les seigneurs repoussèrent la résolution *ipso jure,* qui eût pu être qualifiée d'usuraire à une époque où les investitures se faisaient à titre onéreux, et eût permis à l'Église de se déclarer compétente.

De la nécessité de la faute d'une part ou d'une autre résulta pour la commise un caractère pénal dont les feudistes tirèrent les mêmes conséquences que les canonistes, c'est-à-dire nécessité d'un jugement, intransmissibilité active et passive de l'action, possibilité pour le vassal de purger sa demeure.

§ 3. — *Droit écrit.*

Les pays de droit écrit conservèrent à la résolution le caractère que le droit canonique lui avait imprimé après le droit romain. A part les peines spirituelles qui sont tombées en désuétude, la résolution conserva son caractère pénal. On multiplie autour de celui qui veut s'en prévaloir les causes de déchéance. Enfin l'on ne la généralise pas, le pacte commissoire doit être exprès. Comme dans le droit canonique, elle est unilatérale dans ses effets. Toutefois, en matière de vente, le midi de la France conserva le droit romain. Il fallait clause expresse, et si un terme était fixé, elle avait lieu de plein droit.

§ 4. — *Droit coutumier.*

Toutes les clauses de résolution conventionnelle sont maintenues dans le droit coutumier. A côté, l'on multiplie les cas de résolution légale; pour les contrats synallagmatiques en général, et pour la vente en particulier, on finit par admettre la résolution pour inexécution des obligations. A quel moment précis s'établit définitivement cette règle, c'est ce qu'il serait difficile de fixer. Ce qui est certain, c'est qu'au commencement du dix-septième siècle, le principe avait prévalu; son triomphe avait été préparé par l'usage répété des clauses expresses qui étaient devenues dé style. Au point de vue doctrinal, deux causes contribuèrent à faciliter son adoption; l'on rejetait la distinction romaine des contrats nommés et innomés : la vente ne saurait, disait-on, être régie par d'autres principes que l'échange, et doit être résoluble au moins comme contrat innomé. Les juristes prirent l'habitude de consulter de plus en plus l'intention des parties, au lieu de s'enfermer dans le cercle étroit des formes employées par elles pour manifester leur volonté. Pour arriver à ce résultat, on invente le système de la cause finale, que l'on prête aux jurisconsultes romains, qui n'y avaient pas songé. On expliquait ainsi les solutions qui semblaient contradictoires.

Beaumanoir au treizième siècle développe déjà cette doctrine. Il n'est pas juste que le vendeur qui a livré sa chose et la retrouve en nature entre les mains de l'acheteur, soit privé de sa chose et du prix. Mais à son époque, il est probable que la doctrine contraire prévalait.

La très-ancienne coutume de Bretagne, dont on place

la rédaction dans la première moitié du quatorzième siècle, semble admettre la théorie de la résolution pour inexécution des conditions. Quoi qu'il en soit de l'époque où cette doctrine fut généralement adoptée, elle n'était plus contestée à la fin du siècle dernier. Pothier nous le dit formellement dans son *Contrat de vente* (n° **476**) : « Suivant les principes du droit romain, la demeure » en laquelle serait l'une des parties contractantes de » satisfaire à son obligation, n'est pas toujours une » cause suffisante pour donner à l'autre partie le droit » de demander la résolution du contrat. Par exem- » ple, etc. (suit l'exemple)... Ces principes ont été » autrefois suivis dans notre pratique française, comme » il paraît par ce qu'en disent Despeisses (Tit. I, sect. » fin. n° 19) et les auteurs par lui cités.

» Mais comme le plus souvent on ne peut, sans de » grands frais, se faire payer de ses débiteurs, on a été » obligé de se déporter, dans les tribunaux, de la rigueur » de ces principes, et l'on admet un vendeur à de- » mander la résolution du contrat de vente pour cause » de défaut de payement du prix, quoiqu'il n'y ait pas » de pacte commissoire. »

Tandis que le droit féodal s'est rapidement débar- rassé de la compétence des juges d'Église, il n'en fut pas de même du droit civil. La lutte fut longue. Il fallut des édits royaux (1560), appliqués avec fermeté par la jurisprudence (arrêts de 1571-1620), pour amener son triomphe définitif. L'article 9 de la nou- velle coutume de Bretagne fait « défense aux gens » d'Église de procéder par censure et excommuni- » cation contre aucun detteur séculier, faute de payer » sa dette. » Toute clause contraire est nulle, le sécu- lier ne pouvant ainsi proroger la juridiction du juge ecclésiastique. L'excommunication fut donc écartée. A l'idée d'ingratitude admise par l'Église succède l'idée d'inexécution des obligations; le caractère pénal disparaît, entraînant avec lui l'anéantissement unilatéral du contrat. On généralisa le principe de la résolution.

Le droit civil conserva du reste la nécessité d'une sentence même dans les clauses résolutoires expresses.

Comment s'accomplissait la résolution pour défaut de payement?

L'inaccomplissement total ou partiel des obligations donnait naissance au droit pour le vendeur de demander la résolution. Mais la résolution opérait-elle de plein droit? Non, différentes formalités devaient être remplies.

Il fallait que le vendeur eût manifesté l'intention de se prévaloir de la résolution. Une sommation était-elle nécessaire? Quand il y avait eu pacte commissoire exprès et terme fixé, tout en décidant qu'une sommation n'était pas nécessaire, on exigeait une déclaration. Aussi, en pratique, l'on voit la sommation employée. S'il n'y avait pas eu de terme fixé, soit que le pacte inséré fût muet, soit qu'il n'y eût pas de clause résolutoire, la nécessité de la sommation n'était pas contestée. Jusqu'à cette sommation ou déclaration, le débiteur pouvait se libérer et échapper ainsi à la résolution, qu'il y eût terme ou non; c'était donc un premier délai accordé au débiteur.

Le principe admis par le droit canonique, que c'était moins le défaut d'exécution des conditions qu'il fallait punir que l'obstination du débiteur, fit admettre un second tempérament. Après cette sommation le débiteur pouvait payer, pourvu qu'il le fît dans un bref délai. Quel était ce délai? Les auteurs ont varié, mais l'opinion qui prévalut fut de l'abandonner à l'appréciation du juge. La conséquence fut que l'on était admis à purger sa demeure jusqu'à la sentence.

Sous l'influence du droit canonique, le juge intervint dans les résolutions. Il constatait qu'il y avait faute du débiteur, que le délai était passé et que le contrat n'était pas usuraire. Son intervention était surtout acceptable quand le contrat était muet sur le terme après lequel la vente serait résolue. Mais dans le cas où il y avait une époque fixée, il intervint, et la sentence du juge fut un élément nécessaire de la résolution de la vente et en général des contrats synallagmatiques.

Quel est au juste le rôle de la sentence dans la résolution ? La résolution n'a-t-elle d'existence que par la sentence, ou celle-ci ne fait-elle que la constater ? Pothier (n° 460, *Contrat de vente*) dit que la résolution n'est opérée, au moins irrévocablement, que par la sentence qui *déclare* le contrat nul et résolu. La conséquence qu'il en tire au n° 462 est que le vendeur, lorsqu'il a une fois conclu à la résolution du contrat, n'est plus dès lors recevable à demander le prix. Cette solution donnée par Papinien est en tout point conforme à la théorie romaine, mais elle s'accorde moins avec la théorie de la nécessité d'une sentence. Aussi Pothier croit-il devoir corroborer sa solution par l'existence d'une sorte de quasi-contrat qui lie le demandeur alors même que le défendeur n'aurait point encore acquiescé aux conclusions posées, et qui résulte d'un consentement tacite de l'acheteur résultant de la clause. « L'ache-
» teur les a suffisamment consenties d'avance par la
» clause qui est au contrat, et ce consentement anticipé
» a suffisamment opéré la résolution, de manière que
» la sentence ne fait plus que la déclarer et la con-
» firmer. « Cette nature déclarative de la sentence se con-

cilio mal cependant avec la possibilité pour lo débiteur
do purger sa demeure après l'arrivée du terme et jusqu'à
la sentence. Il est vrai que Pothier ne justifio cette
faculté qu'en disant que « c'est une pure grâce que
» la jurisprudence accorde à l'acheteur, et qui ne doit
» pas être rétorquée contre lui quand il ne veut pas s'en
» servir. » (N° 462 *in fine*.)

Le juge devant intervenir, et la résolution ne pouvant être prononcée que s'il y a faute, la jurisprudence
fut amenée à reconnaître au juge le droit d'accorder
des délais. Ce droit fut plus ou moins étendu suivant
les époques et suivant les opinions. Le juge pouvait
accorder des délais au débiteur, et par une première
sentence fixait un terme avant lequel le débiteur devait
avoir exécuté ses obligations. A défaut par lui de se
conformer à cette sentence, le juge en rendait une
seconde qui déclarait le contrat résolu. Ce droit était
reconnu au juge alors même qu'il y avait eu dans le
contrat pacte commissoire et terme fixé. Pothier cependant lui refuse dans ce cas ce droit (n° 476, *Vente*),
tout en reconnaissant au débiteur le droit de purger
sa demeure en appelant de cette sentence et en offrant,
avant la sentence rendue en appel, de payer le prix
qu'il doit, les intérêts et les dépens.

La jurisprudence avait fini par rejeter une pratique
encore plus incompatible avec la théorie de la résolution, celle des jugements comminatoires. Lorsque le
débiteur avait laissé passer le délai fixé par un premier
jugement, un second déclarait le contrat nul et résolu,
sauf au débiteur le droit d'exécuter ses obligations dans
un certain laps de temps. Le parlement de Bretagne va
même jusqu'à admettre pendant trente ans la procédure
en restitution ou *lief de comminatoire* au profit du débiteur

qui répare ses torts. A l'époque de Pothier cette pratique était repoussée et l'opinion contraire avait triomphé.

Du reste, quand un pacte commissoire ne fixait pas de terme, le droit à appliquer était celui qui régissait les ventes où la clause était légalement sous-entendue.

L'action en résolution de la vente pouvait être intentée par les héritiers du vendeur et contre les héritiers de l'acheteur. Cela n'a jamais fait doute dans la législation civile. Dans les autres contrats, suivant que la résolution était basée sur l'ingratitude ou l'inexécution des obligations, la solution était différente à raison du caractère pénal que la résolution avait dans un cas et pas dans l'autre.

Quelle était la nature de l'action accordée au vendeur, et en général à toute personne demandant la résolution d'un contrat? L'action était purement personnelle quand il ne s'agissait que de résoudre des obligations personnelles. Mais quand il s'agissait de résoudre un contrat translatif de droits réels, l'ancien droit finit par reconnaître la réalité de l'action. Cependant la tendance la plus générale fut de la faire rentrer dans la classe des actions mixtes. Qu'entendait-on par là? Le sens que nos anciens auteurs attachaient à cette expression d'action mixte n'a jamais été bien rigoureusement défini. On faisait rentrer dans cette classe un certain nombre d'actions que l'on appelait actions *miœtœ personales in rem scriptœ* : actions réelles qui par leur nature même ne peuvent être exercées que contre certaines personnes, comme l'action de pétition d'hérédité; actions personnelles qui, à raison de conditions particulières, pouvaient être intentées contre tout le monde, comme l'action *quod metûs causa.* Pour l'action en résolution résultant du pacte commissoire, certains textes du droit romain reconnaissaient sa nature personnelle, d'autres sa nature réelle. Nous avons vu que ces textes soit prévoyaient des hypothèses différentes, soit contenaient des opinions différentes de jurisconsultes. Mais les glossateurs ont été amenés pour les concilier à qualifier l'action résolutoire d'action *mixta personalis in rem scripta*. Contre l'acheteur resté propriétaire du bien vendu, l'action conservait son double caractère, mais contre les tiers détenteurs elle a le caractère purement réel. La vérité est, relativement à la nature de l'action résolutoire, que de la demande en résolution deux actions peuvent naître, l'action personnelle pour obtenir la résolution du contrat, et l'action réelle en revendication, une fois la résolution prononcée. Ces deux actions peuvent être réunies dans une même demande quand celle des parties qui n'exécute pas est restée propriétaire. Elles sont au contraire distinctes quand la propriété a passé à un tiers. Dans ce cas, l'action personnelle est le préliminaire obligatoire de l'exercice de l'action réelle.

Dans le pays de droit écrit, le droit de demander la résolution reste un droit haineux que l'on repousse toutes les fois que l'on peut trouver quelque motif. Dans le droit canonique il en est de même; le droit coutumier, tout en repoussant les principes de la législation de l'Église, en a cependant conservé la trace dans beaucoup de points, notamment dans les délais que le juge peut accorder et dans l'ancienne pratique des jugements comminatoires, abandonnée du reste du temps de Pothier. Sans voir là un droit haineux, les coutumes adoptent facilement des fins de non-recevoir. Cependant, à la fin, les auteurs se montrent plus sévères; cela tient à ce que le droit à la résolution devient de plus en plus une suite naturelle de l'inexécution.

Le vendeur n'était plus admis à demander la résolution quand il y avait renoncé, soit expressément, soit tacitement.

Nos anciens auteurs, sans être d'accord sur le point de savoir si la renonciation était une aliénation proprement dite, reconnaissent que, pour qu'elle fût valable, il fallait pouvoir rendre sa condition pire. Ainsi un mineur, une femme mariée n'auraient pu faire seuls une renonciation valable. On n'y voit point cependant une donation, quoique en général le renonçant n'acquît rien en échange.

Quand y avait-il renonciation? Si elle était expresse, pas de difficulté. Mais de quels actes peut-on induire une renonciation tacite? C'est avant tout une question de fait laissée à l'appréciation du juge. Cependant des poursuites à fin de payement du prix et des intérêts impliquaient renonciation. Il ne faut pas oublier que, même en cas de pacte commissoire exprès, une sommation étant le préliminaire presque obligatoire de la demande en résolution, on ne pourrait en induire une renonciation. — L'acceptation d'un payement après le terme fixé pouvait faire présumer la renonciation.

La demande en résolution pouvait se prescrire, et après la prescription elle n'était plus recevable. — En principe le délai était de trente ans contre le débiteur, et de dix à vingt ans contre le détenteur. On finit cependant par décider que celui qui aurait laissé passer un délai de deux ans après l'arrivée du terme fixé ne serait pas recevable.

Il faut enfin que le vendeur ne soit pas en faute, ni

que l'inaccomplissement du débiteur puisse être excusé, par exemple, s'il était mineur; du reste, dans ce dernier cas, s'il persistait, la résolution serait prononcée.

L'ancien droit avait adopté le principe de la rétroactivité. La résolution accomplie, l'acheteur est réputé n'avoir jamais été propriétaire, le vendeur n'avoir jamais cessé de l'être.

L'acheteur sera donc tenu de restituer la chose et les accessions qui ont pu l'augmenter. Il doit en même temps restituer les fruits qu'il a perçus. Cependant, s'il avait payé partie du prix, il pourrait retenir une part proportionnelle des fruits, d'après le principe que les fruits et les intérêts du prix se compensent.

Pour le vendeur, il doit subir la perte partielle ou totale survenue par cas fortuit, sans faute de l'acheteur. Il n'avait qu'à ne pas demander la résolution. On ne conçoit guère qu'il y ait jamais lieu à lui faire subir la perte totale. Cependant, si elle était survenue depuis la demande en résolution, comme l'on ne permet pas au vendeur qui a conclu de *variare,* de modifier ses conclusions, il devrait la subir. Mais alors on peut se demander si l'acheteur qui était en demeure de restituer ne serait pas responsable de cette perte. Ce qui peut faire douter, c'est que, si la résolution prononcée rétroagit, la sentence est nécessaire pour qu'elle ait lieu, et que jusque-là le débiteur peut purger sa demeure. Je pense, quoique aucun texte n'ait à ma connaissance prévu la question, qu'il faut s'attacher à la nature déclarative de la sentence, et dire que, du moment où le vendeur a conclu à la résolution, le détenteur est débiteur d'un corps certain et en demeure, et qu'il est responsable de la perte totale. Il n'y aurait donc eu qu'un cas, celui où l'acheteur prouverait que la chose eût également péri entre les mains du vendeur, s'il la lui avait rendue.

A l'origine, le vendeur n'était pas tenu de restituer les à-compte. La doctrine contraire paraît avoir triomphé. Si le prix consistait en prestations successives, celles payées ne seraient pas rendues, mais, par contre, les fruits ne seraient pas restitués.

Le vendeur ne sera pas tenu de restituer les arrhes. Du reste, si les arrhes, si les à-compte étaient par trop considérables, le vendeur pourrait être tenu de les restituer, la résolution ayant un caractère usuraire. — Le vendeur doit-il tenir compte à l'acheteur des impenses. Les dépenses voluptuaires ne sont pas restituées, l'acheteur a seulement le droit de les enlever sans détérioration de l'immeuble. Pour les dépenses nécessaires, il doit les rembourser, car l'acheteur peut lui dire : « *Propriæ pecuniæ tuæ peperci.* » Pour les dépenses d'améliorations, elles doivent être restituées dans la limite de la plus-value. Pour ce dernier point, cependant, si elles étaient trop considérables, si elles semblaient faites dans le but d'arrêter la demande en résolution, le vendeur pourrait être dispensé de les restituer en tout ou partie. Sous ce rapport, le juge a un pouvoir d'appréciation.

Mais relativement aux tiers, quelle était la doctrine de l'ancien droit ? — On distinguait déjà les actes d'administration et les actes d'aliénation. Si les premiers devaient être respectés par le vendeur rentré en possession, il avait le droit de méconnaître les seconds. Les baux étaient-ils compris dans les actes d'administration ? L'opinion dominante était qu'il fallait appliquer la maxime *Emptor non tenetur stare colono.* Cependant il y avait tendance à assimiler aux actes d'administration les baux de moins de six ans dans la ville et de neuf ans dans la campagne. Les actes de disposition comprenaient les actes de disposition proprement dits et les constitutions de droits réels, en particulier les hypothèques que l'acheteur pouvait avoir consenties. Quant aux droits réels consentis par le vendeur *pendente conditione,* ils doivent être maintenus. La nature de la condition résolutoire nous amène à cette solution, quoique les auteurs soient muets à ce sujet, le cas devant être très-rare. C'est même là ce qui différentie essentiellement le système de la rétroactivité de la condition de celui de la *translatio ad tempus,* l'effet de l'une et de l'autre des opinions étant, en tout cas, d'effacer les droits consentis par l'acheteur.

Dans notre ancien droit, quand la vente d'un fief ou d'une censive était conclue, le seigneur avait droit à un profit, c'est-à-dire à une certaine somme proportionnée au prix de la vente. Dans les coutumes de Paris et d'Orléans, où cette somme montait au cinquième du prix du fief, ce profit de vente était dit *profit de quint.* Pour les censives il était en général du douzième. Mais si la vente était résolue, qu'arrivait-il? La première question qui se pose est celle de savoir si un nouveau droit ne sera pas dû pour la résolution. Cette nécessité de payer un nouveau droit fut soutenue par les seigneurs, mais de bonne heure on leur refusa ce droit, on se basait sur la rétroactivité de la condition; le vendeur qui redevenait propriétaire était réputé n'avoir jamais cessé de l'être. La résolution était, disait-on, *distractus potius quàm contractus.* Mais un droit pouvait avoir été payé au moment de la passation du contrat. Ce droit sera-t-il gardé par le seigneur ou devra-t-il être restitué? La doctrine qui était soutenue par les plus grands jurisconsultes fut la moins favorable au droit des seigneurs. En haine de la féodalité, les jurisconsultes les plus éminents, Dumoulin, d'Argentré, Pothier, enseignaient que le droit devait être restitué.

« La raison en est, dit Pothier (*Fiefs*, partie 1, ch. V, » sect. 1, art. 1, corollaire 2), qu'une vente nulle et » qui est rescindée n'est pas une véritable vente qui » puisse donner ouverture au profit de vente; de là la » maxime : *Ex contractu nullo nulla debentur laudimia.* » La même doctrine est soutenue par lui au même endroit du traité (corollaire 4) sur l'article 112 de la coutume d'Orléans, et dans l'introduction, au titre 1er de la coutume d'Orléans (n° 124) : « Lorsque le contrat de vente » est nul, il ne peut être dû aucun profit de vente..... » ..... Observez que, tant que le contrat n'est pas dé- » claré nul par un jugement rendu entre les parties » contractantes, l'acheteur, à qui le seigneur demande » le profit, n'est pas recevable à opposer la nullité du » contrat, et il doit payer le profit demandé; mais, » lorsque le contrat aura été déclaré nul, il en aura la » répétition. »

CHAPITRE II.

QUAND ET A QUELLES CONDITIONS LA RÉSOLUTION EXISTE-T-ELLE?

Le premier élément de la résolution est l'inexécution des charges imposées à l'acheteur, c'est-à-dire le non-payement du prix. Du reste, l'inexécution même partielle peut donner naissance à la demande en résolution.

La loi admet la validité du pacte commissoire exprès et complète la convention muette à cet égard. (Art. 1184 et 1654.) La résolution se produira-t-elle de la même manière dans les deux cas? Non, la loi établit elle-même des différences; on est donc amené à étudier successivement chacun des cas.

§ 1. — *Résolution légale.*

La convention intervenue entre les parties est muette sur la clause résolutoire. La loi la sous-entend.

La loi impose au vendeur non payé qui veut demander la résolution, l'obligation de mettre l'acheteur en demeure. (Art. 1184.)

La loi exige en outre une demande en justice; cette demande est nécessaire, et la sommation adressée à l'acheteur n'en dispenserait pas.

Il est évident que jusqu'à la mise en demeure le débiteur ferait valablement un payement ou des offres, le vendeur n'ayant point manifesté son intention de demander la résolution. Mais après la sommation le débiteur peut-il purger sa demeure? Jusqu'à la sentence, il le peut. La loi reconnaît encore au juge le droit d'accorder un délai. (Art. 1184, 1244, 1655.) Le juge a en cette matière un pouvoir discrétionnaire. Il accorde le délai et le limite à raison des circonstances. La loi impose l'obligation d'agir avec prudence. (Art. 1655.) « La résolution de la » vente d'immeubles est prononcée de suite si le ven- » deur est en danger de perdre la chose et le prix. » Par exemple, l'acheteur voulait démolir ou faire des coupes de bois contraires à l'aménagement.

Mais quand le délai fixé par le juge est écoulé, l'acheteur peut-il obtenir un nouveau délai, peut-il au moins purger jusqu'à la sentence de résolution?

La loi interdit absolument au juge le droit d'accorder de nouveaux délais : « Ce délai passé sans que l'acqué- » reur ait payé, la résolution sera prononcée. » (Art. 1655.)

Mais au moins jusqu'à la sentence et après l'expiration du délai, le débiteur peut-il payer, le vendeur a-t-il droit acquis à la résolution? Le motif qui a fait accorder au débiteur un délai n'existe plus, et permettre au débiteur de payer jusqu'à la sentence, ce serait prolonger le délai qui lui a été accordé et le faire bénéficier de la lenteur de la justice. De plus, la loi, dans l'article 1655, emploie la forme impérative. La résolution *sera* prononcée. Il semble que ce soit la loi qui la prononce elle-même après l'expiration du délai.

Une sentence est nécessaire (Art. 1184, 1654), mais quel rôle joue cette sentence dans la résolution? est-elle déclarative ou attributive? Il semble qu'il faille dire qu'elle est attributive. Nous avons vu que dans l'ancien droit Pothier la disait déclarative, tout en admettant le droit d'accorder des délais. De son caractère déclaratif il ne tirait qu'une conséquence, l'impossibilité pour le vendeur qui avait conclu à la résolution de demander le payement. Cette déchéance, qui n'est reproduite nulle part, ne doit plus être admise. La sentence produit donc tous les effets qu'elle produirait si elle était attributive. Le juge peut accorder un délai, le débiteur peut purger, le vendeur qui a conclu à la résolution peut modifier ses conclusions. Il est cependant un cas où la sentence prend un caractère déclaratif. C'est quand un délai a été accordé et que le débitenr n'a pas su ou voulu se mettre en règle avant son expiration. La loi, avons-nous dit, n'admet pas le débiteur à payer après ce délai. Si la sentence était attributive, les éléments de la résolution n'étant pas encore réunis, le débiteur pourrait payer, c'est donc que la sentence est déclarative. Mais pour soutenir que même en ce cas la sentence est attributive, on peut faire remarquer que cette restriction apportée par la loi est rationnelle, qu'admettre la nature déclarative de la sentence aurait un effet qui le serait moins. La résolution devrait alors être reconnue produite à l'expiration du délai. A partir de ce moment, toute personne, même l'acheteur, devrait pouvoir s'en prévaloir, et le vendeur se verrait dans l'impossibilité de changer les conclusions de la demande initiale.

§ 2. — Pacte commissoire.

Il n'y a lieu d'appliquer les règles relatives à la résolution légale que dans le cas où les parties ont gardé le silence sur la clause résolutoire. Interprétant leur pensée, le législateur a pensé avec raison qu'il devait compléter leurs conventions. Mais quel sera l'effet de l'insertion du pacte commissoire dans le contrat de vente? La loi n'a pas fait de réponse complète à cette question.

Dans l'article 1656, la loi prévoit une hypothèse :

« Art. 1656. S'il a été stipulé lors de la vente d'im-
» meubles que, faute de payement du prix dans le
» terme convenu, la vente serait résolue de plein droit,
» l'acquéreur peut néanmoins payer après l'expiration
» du délai tant qu'il n'a pas été mis en demeure par
» une sommation. Mais après cette sommation le juge
» ne peut accorder de délais. »

L'hypothèse est la suivante : les parties sont conve-
nues que le payement se ferait dans un délai que le
contrat détermine ; faute par l'acheteur d'exécuter ses
obligations dans ce délai, la vente sera résolue de plein
droit.

L'effet que la loi attache à cette convention est d'empêcher après la sommation le juge d'accorder des délais. Nous avons vu que tel était l'ancien droit, dans
son dernier état, du moins. Car autrefois, même dans
ce cas, le juge accordait des délais.

La loi exige que le vendeur qui veut demander la
résolution fasse une sommation, et l'acheteur peut jusqu'à cette sommation s'acquitter valablement de ses
obligations. Le législateur exige dans l'article 1656
une sommation, tandis que dans l'article 1184 le préliminaire de la demande en résolution est la mise en
demeure qui peut résulter d'autres actes que la sommation. Faut-il compléter l'article 1656 par l'article 1184,
ou dire que la sommation est nécessaire pour empêcher le débiteur de payer? La première solution serait
peut-être en équité la meilleure, mais il ne semble pas
qu'on puisse étendre les termes de l'article 1656, et sub-
stituer au mot *sommation* ceux de *mise en demeure*. La

nécessité de la sommation se justifie, non par cette idée qu'il est bon que le vendeur, en faveur de qui le pacte a été inséré, manifeste sa volonté, mais par la règle que l'arrivée du terme, sauf convention contraire expresse, ne met point en demeure le débiteur.

On peut se demander si les parties auraient pu décider que la résolution opérerait de plein droit, sans mise en demeure, par le seul effet du terme. L'article 1139 autorise cette convention, mais ne la sous-entend pas. Commé la loi ne l'a point exclue positivement, nous devons dire qu'elle serait valable. Dans ce cas, après l'arrivée du terme, l'acheteur ne pourrait plus contraindre le vendeur à recevoir le prix. Du reste, nous pensons que, lorsqu'un terme a été fixé et que l'acheteur est en demeure, soit par suite de la sommation, soit par suite de l'arrivée du terme, il ne peut plus purger sa demeure. De même que, dans le cas de résolution légale, lorsqu'il a laissé passer le délai fixé par le juge, il ne peut plus contraindre le vendeur à recevoir le payement. Celui-ci a droit acquis; l'article 1656 est formel et décide que, dans le cas où la sommation est nécessaire, le débiteur peut s'acquitter jusqu'à la sommation, mais ne le peut pas après. Ce que la loi dit de la sommation véritable doit se dire de la sommation résultant de l'arrivée du terme. Il semble que cette disposition puisse fournir un argument d'analogie à l'appui de l'opinion qui nous a paru la meilleure dans le cas où le délai fixé par le juge est expiré.

Lorsqu'un terme a été fixé, l'acheteur peut se libérer pendant toute la durée du dernier jour. Si la sommation est nécessaire, nous disons que l'acheteur ne peut plus s'acquitter après. Cependant il faut admettre la restriction suivante, et donner, après cette sommation, à l'acheteur prêt à payer le temps moralement nécessaire pour le faire. La durée de ce temps de grâce sera plus ou moins courte à raison des circonstances, et le tribunal appréciera si le prix a été offert à temps; mais, dans aucun cas, le juge ne saurait transformer ce droit d'appréciation en celui d'accorder un délai.

Une sentence est-elle nécessaire pour prononcer la résolution? La négative a été souvent enseignée. Les arguments des partisans de ce système sont les suivants :

Dans l'article 1184 la résolution n'opère pas de plein droit; il faut une interpellation et une sentence; le créancier a le choix de maintenir le contrat ou de le résoudre.

Dans l'article 1656, la résolution opère de plein droit, et nous voyons qu'il faut une sommation; le créancier a le droit d'option. La seule différence possible porte sur la nécessité de la sentence. Dans l'article 1657, relatif aux ventes mobilières, personne n'enseigne la nécessité d'une sentence, la sommation disparaît, le vendeur a encore son option. Le système général de la loi est de supprimer la nécessité de la sentence pour les résolutions de plein droit, et de la maintenir pour les résolutions qui n'ont pas lieu de plein droit.

L'opinion contraire nous semble cependant préférable. Pour la soutenir on a quelquefois dit que dans la résolution de plein droit le juge ne pouvait accorder de délais, tandis que pour l'autre il avait cette faculté, que cette différence considérable dans les pouvoirs du juge était la conséquence de la différence des modes d'opérer de la condition résolutoire. Nous ne croyons pas que cette manière de raisonner soit concluante. Il est vrai que dans la résolution ordinaire le juge peut accorder des délais, que dans la résolution de plein droit il ne le peut. Mais cette différence ne résulte pas des caractères des résolutions; en effet, dans l'ancien droit, Pothier enseignait que le pacte commissoire n'opérait pas de plein droit, et que cependant (n° 459, *Vente*) le juge ne pouvait accorder de délais. L'impossibilité pour le juge d'accorder des délais ne résulte donc pas du caractère de la résolution. Le véritable motif pour exiger une sentence est que la loi l'a exigée dans l'article 1656. En effet, l'on ne peut séparer l'article 1656 de l'article 1655. Dans l'un la sentence est nécessaire et le juge peut accorder des délais; dans le suivant, le législateur, prévoyant une convention des parties, décide qu'à la différence du cas prévu par l'article précédent, le payement ne pourra être offert que jusqu'à la sommation, et que le juge ne pourra accorder de délai. C'est donc qu'il entend maintenir les autres dispositions, et entre autres la nécessité de la sentence. Du reste, l'on ne comprendrait pas la fin de l'article 1656 si l'intervention du juge n'était pas nécessaire pour le prononcé de la résolution, et s'il ne devait connaître que des difficultés nées de la résolution et de sa mise à exécution. Si la sentence n'était pas nécessaire, le législateur n'aurait pas eu besoin de dire que des délais ne pouvaient être accordés; il était évident que la résolution opérée, toute concession de délais eût été impossible. L'on peut ajouter que le législateur n'a fait que consacrer l'opinion de Pothier, qui, contrairement à l'opinion d'autres auteurs, enseignait que la concession de délai était impossible s'il y avait eu pacte commissoire et délai fixé. Le législateur prévoit bien le cas où les parties ont parlé de résolution de plein droit. Mais il ne dit pas qu'elle aura lieu ; ainsi, il se contente d'attacher tels et tels effets à l'insertion de ce pacte dans le contrat. De sorte que l'on peut soutenir que la résolution consacrée dans l'article 1656 n'est pas une résolution de plein droit, mais une résolution ordinaire, modifiée quant à la concession du délai par le pacte commissoire. L'article 1657, qu'on rapproche du précédent, prévoit d'autres hypothèses et s'exprime autrement. Il y a eu dans une vente de marchandises terme fixé pour le retirement, la résolution a lieu de plein droit et sans sommation, sans qu'il soit besoin de sentence, alors même que les parties ne se sont pas expliquées sur la question de savoir si la résolution opérerait de plein droit ou non. C'est parce que la résolution opère de plein droit qu'il n'est pas nécessaire d'aller devant les tribunaux, et c'est pour un motif de célérité que l'on n'exige pas la sommation compatible avec une résolution de plein droit. Ainsi l'article 1657 doit être éliminé de la discussion, parce qu'il s'exprime autrement que le précédent sur le caractère de la résolution, et que la loi en tire elle-même des conséquences, et qu'en outre on prouverait trop en voulant en argumenter, puisqu'il prévoit des hypothèses non comprises dans l'article 1656. A l'appui de cette seconde opinion l'on peut citer les travaux préparatoires. Grenier (t. XIV, p. 200, *Fenet*), s'exprime ainsi : « Au second cas, c'est-à-dire s'il a été stipulé qu'à défaut de payement du prix dans le terme convenu, la vente serait résolue de plein droit, cette clause *n'a pas paru suffisante pour faire retourner la propriété au vendeur.* » Il est vrai que quelques lignes plus loin nous lisons : « Et la résolution de la vente est opérée par la force de la convention. » Mais l'on ne saurait séparer cette phrase de la précédente, dans laquelle le tribun refuse au juge le pouvoir d'accorder des délais, refus qu'il base précisément sur la convention des parties.

Puisque la sentence est nécessaire, ici se pose la même question que précédemment : la sentence est-elle déclarative ou attributive? Je pense qu'il faut dire qu'elle est attributive. Il est vrai que le juge ne peut accorder de délais, mais nous avons vu dans la résolution ordinaire qu'après l'expiration du délai accordé par le juge, le débiteur ne peut s'acquitter et que le juge ne peut accorder de délais nouveaux, ce qui n'empêche pas la sentence d'être attributive. Ici, par la convention des parties les choses se trouvent dans l'état où elles sont dans la résolution légale, le délai expiré. Nous en conclurons qu'avant l'acquiescement du débiteur le vendeur peut modifier ses conclusions à fin de résolution et demander le maintien du droit, ce qu'il ne pourrait si la sentence était déclarative.

L'on peut se demander si les parties pourraient convenir que la résolution opérerait sans jugement. Si l'on peut dire que cette clause n'est point défendue expressément et que, n'ayant rien d'immoral, elle doit être permise, l'on peut répondre que, dans l'article 1656, le législateur maintient la nécessité de la sentence, malgré la clause de résolution de plein droit, qui, de droit commun, signifie sans qu'il soit besoin de sentence du juge, et que son intention est pour les ventes immobilières de maintenir la règle coutumière de la nécessité de la sentence, et que par suite les parties ne sauraient y déroger.

2° *hypothèse.* Sans dire que la résolution opérerait de plein droit, les parties ont fixé dans le pacte commissoire un terme. Quel effet faut-il attacher à cette convention ? L'opinion qui me paraît la plus sûre est celle que Pothier avait émise. Le juge ne pourra accorder de délais, mais le payement sera possible jusqu'à la sentence, après la mise en demeure, ce qui n'était pas possible dans l'hypothèse précédente. Il faut dire encore que la sentence est attributive.

3* *hypothèse.* Les parties contractantes ont inséré le pacte commissoire, mais elles n'ont point fixé de terme. Dans ce cas, elles n'ont fait qu'exprimer ce que la loi aurait sous-entendu. Ce cas est régi par le droit commun. Il faudra mise en demeure du débiteur et sentence du juge, qui pourra accorder des délais. Le payement pourra être offert jusqu'à la sentence.

4° *hypothèse.* Sans fixer de terme, les parties ont décidé que, faute de payement, la vente serait résolue de plein droit. Les auteurs qui enseignent que dans la première hypothèse la vente est résolue sans qu'il soit besoin d'une sentence sont amenés à décider que, dans notre hypothèse, le juge peut accorder un délai après la mise en demeure; mais qu'une fois le délai expiré il n'est pas besoin d'une nouvelle sentence, la résolution opérant de plein droit; nous avouons ne pouvoir concilier ces deux décisions : *Le juge peut concéder un délai. — Il n'est pas besoin de sentence.* Si nous concevons que la nécessité d'une sentence n'entraîne point la faculté pour le juge de concéder des délais, nous comprendrons moins l'opinion inverse. Ou l'intervention du juge est nécessaire, et il peut concéder des délais, ou elle n'est pas nécessaire, et alors il ne le peut pas; ce sera la mise en demeure du débiteur qui amènera la résolution. Ce qui eût été plus logique, puisque le Code est muet sur ce point, eût été de dire : « La vente est résolue de plein droit par la mise en demeure

du débiteur non suivie d'un payement immédiat. »
Mais telle n'est pas la doctrine que nous croyons celle
du Code. Une sentence sera nécessaire ; seulement, après
la sommation du créancier, le juge ne pourra concéder
de délais. Cette convention est en somme la plus favorable au vendeur, puisqu'il n'est pas astreint à respecter
un terme concédé à l'acheteur, et qu'il peut faire la
sommation à une époque quelconque. Comme tempérament à cette opinion, nous croyons que le juge pourra
voir *ex æquo et bono* si la mise en demeure a été faite
en temps utile, c'est-à-dire si le vendeur a laissé écouler depuis le contrat de vente un délai suffisant pour
que le défaut de payement puisse être imputé à faute à
l'acheteur. Ce droit n'est point celui d'accorder un délai, le juge pourra seulement décider que des offres
ont été valablement faites après la sommation. Nous
reconnaissons qu'en fait cela revient à admettre le débiteur à purger sa demeure jusqu'à la sentence. Il y a
cependant cette différence, qu'en droit commun le juge
ne pourrait déclarer tardives des offres après la sommation, tandis qu'ici il le peut.

Nous pouvons résumer ainsi ce que nous croyons
être le droit en cas de pacte commissoire.

1re *hypothèse.* Les parties ont simplement déclaré
que, faute de payement, la vente serait résolue. Cette
clause n'est autre que celle que la loi sous-entend, et
elle est régie par le droit commun, c'est-à-dire qu'il
faut mise en demeure de l'acheteur et sentence du
juge. Celui-ci peut concéder un délai après lequel des
offres seraient tardives. Le débiteur peut payer jusqu'à
la sentence qui prononce la résolution s'il n'y a point
de délai fixé par le juge.

2e *hypothèse.* Sans fixer de terme, il a été convenu

que, faute de payer, la vente serait résolue de plein droit; le juge ne peut plus concéder de délais, le débiteur ne peut offrir le payement après la sommation; le juge est compétent sur la question de savoir si la sommation a été faite en temps utile, et, s'il reconnaît que non, pour valider des offres de payement, ce qui est pour lui une faculté.

3° *hypothèse.* Un terme a été fixé. Il faut une mise en demeure et une sentence; le juge ne peut concéder de délai, mais l'acheteur peut valablement payer jusqu'à la sentence; le juge ne pourrait méconnaître des offres faites par lui.

4° *hypothèse.* Un terme a été fixé et il a été dit que la vente serait résolue de plein droit. Une sommation et une sentence sont nécessaires; le juge ne peut concéder de délais, le débiteur ne peut valablement payer après la sommation.

5° *hypothèse.* Il a pu en outre être convenu que la mise en demeure résulterait de l'arrivée du terme.

La sentence est toujours nécessaire, la résolution de la vente ne peut résulter de l'arrivée du terme ou de la mise en demeure, sous la réserve de la résolution amiable.

CHAPITRE III.

PAR QUI ET CONTRE QUI L'ACTION EN RÉSOLUTION PEUT-ELLE ÊTRE INTENTÉE?

§ 1. — *Par qui peut-elle être intentée.*

1° L'action en résolution peut être intentée par le vendeur et en son nom par ses créanciers (art. 1166);

2° Le peuvent également les héritiers ou autres ayants cause à titre universel.

Mais, parmi les héritiers du vendeur, quelques-uns peuvent ne pas demander la résolution, soit qu'ils aient été désintéressés, soit qu'ils préfèrent maintenir le contrat primitif. Qu'arriverait-il ? En principe, la loi a décidé qu'entre créancier et débiteur l'obligation était regardée comme indivisible (art. 1220). Mais entre l'un d'eux et les héritiers de l'autre cette règle cesse de s'appliquer. En principe donc, l'héritier qui veut exercer l'action en résolution la fera prononcer pour sa part et portion. Il en résultera entre lui et l'acheteur un état d'indivision dont ils sortiront par une action en partage.

Mais il peut arriver que la vente soit telle que l'indivisibilité de l'obligation du vendeur en résulte. Comme exemple on peut citer le cas où une certaine étendue de terrain a été achetée pour l'établissement d'une industrie qui devient impossible si le terrain est réduit à une fraction de ce qu'il était. Dans ce cas, l'acheteur peut demander que la résolution soit totale, et l'héritier de l'acheteur qui la demande devra désintéresser ses cohéritiers, s'ils n'ont pas été payés, ou restituer à l'acheteur ce que celui-ci aurait déjà payé. Il faut, du reste, que cette indivisibilité de la convention résulte de la volonté des parties et non d'un fait de l'acheteur postérieur au contrat. Celui-ci ne saurait se prévaloir pour demander une résolution totale de ce que l'acquisition était faite par lui dans un but sur lequel la convention serait muette.

3° L'action en résolution peut-elle être demandée par un acquéreur à titre singulier de la créance du prix, un légataire, un cessionnaire ou un subrogé?

Quelques auteurs (Marcadé sur 1692) enseignent que si l'acte d'acquisition de la créance ne stipule rien, le droit de demander la résolution ne suivra pas la créance à laquelle il est attaché. En effet, l'acquéreur de la créance, le cessionnaire, par exemple, ne saurait l'invoquer, puisque le résultat serait la nullité de la créance qu'il a achetée. C'est, du reste, un droit trop considérable pour que l'on puisse suppléer au silence des parties à son égard. Il faudra donc que le droit de demander la résolution soit formellement stipulé en faveur du cessionnaire.

La question est celle-ci : Le droit de demander la résolution peut-il être considéré comme l'accessoire de la créance du prix, ou comme un droit propre résultant de la vente? La manière dont le législateur l'a envisagé prouve qu'il doit être regardé comme l'accessoire de la créance du prix. La loi ne l'a-t-elle pas édicté comme un moyen très-efficace pour forcer à l'exécution? Pour que la résolution puisse être demandée, il faut que le prix soit dû. La résolution n'est prononcée que comme un *supremum subsidium* accordé au créancier qui ne peut obtenir le payement. Le résultat de la doctrine opposée serait l'extinction du droit de résolution. En effet, le nouveau créancier ne pourrait l'exercer, car il ne l'aurait pas acquis, et l'ancien créancier l'aurait perdu avec cette qualité. Ce résultat semble contraire à l'équité, puisque le débiteur bénéficierait de la convention intervenue entre son créancier et un tiers. Il vaut mieux dire que le droit à demander la résolution, accessoire de la créance du prix, a passé avec elle au tiers acquéreur.

La décision que l'on doit donner en cas de subrogation dépend de l'opinion que l'on adopte sur la nature de la subrogation. — Si l'on pense avec quelques auteurs que la subrogation est extinctive de la dette à l'égard de tous, débiteur, créancier et subrogé, le droit de demander la résolution n'existera plus, la dette primitive étant éteinte. Si au contraire on adopte l'opinion que la subrogation extinctive à l'égard du créancier ne l'est point à l'égard du débiteur, le subrogé sera investi du droit de demander la résolution.

§ 2. — *Contre qui la résolution peut-elle être demandée.*

La résolution peut être demandée contre l'acheteur et ses ayants cause à titre universel.

Quand un seul des héritiers du débiteur n'exécute pas, le créancier peut-il demander la résolution totale ? Il faut en principe dire que non ; la résolution sera prononcée contre ce seul débiteur, et le vendeur se trouvera, avec les autres héritiers, en état d'indivision. Si le partage a déjà été effectué, il sera regardé comme non avenu à son égard, et il pourra en demander un nouveau s'il ne veut pas se contenter de la part attribuée à l'héritier qu'il remplace. Cependant le créancier pourrait demander la résolution totale, si dans la vente

il avait été stipulé que le prix ne pourrait être payé
pour partie, si en un mot l'indivisibilité avait été stipulée; par exemple, le prix était destiné à racheter un
immeuble que l'on ne pourrait racheter par p.. ies :
les autres héritiers du débiteur ne sauraient alors
échapper à la résolution qu'en indemnisant le vendeur, sauf à être subrogés à ses droits contre leur
cohéritier.

CHAPITRE IV.

NATURE DE L'ACTION EN RÉSOLUTION ET COMPÉTENCE.

Le droit de demander la résolution est mobilier ou immobilier, suivant la nature de l'objet de la vente. Ici il est immobilier; seulement il n'est qu'un accessoire de la créance du prix. Nous avons dit que les cessionnaires pouvaient agir contre l'acheteur. Pour aliéner la créance du prix et accessoirement le droit de demander la résolution, il n'est pas nécessaire de pouvoir aliéner les immeubles. Un legs de tout meuble comprenant la créance du prix comprendra accessoirement le droit de demander la résolution. Les biens meubles des époux tombant en communauté, il faut dire que celle-ci devient créancière du prix, et par suite, si l'époux agit en résolution, le bien recouvré ne formera pas un propre, mais un conquêt de communauté. Cette solution, en général repoussée en vertu de la rétroactivité, me paraît cependant résulter de cette conséquence que le droit de résolution est inséparable de la créance qu'il garantit, et que celui qui devait bénéficier du prix doit bénéficier du résultat de la résolution.

Quel est le tribunal compétent? La solution de cette question dépend de la nature de l'action.

L'action en résolution pouvant atteindre soit l'acheteur (ou ses ayants cause à titre universel), soit des tiers, il importe, pour connaître la nature de l'action, d'étudier successivement différentes hypothèses.

Mais auparavant quelques remarques sur la nature

des actions en général et la compétence.—D'après l'article 59 du Code de procédure, toutes les actions mobilières sont portées devant le tribunal du domicile ou de la résidence du défendeur. Pour les actions immobilières, elles se distinguent en actions personnelles, réelles ou mixtes : pour les premières, le tribunal compétent est celui du défendeur ; pour les secondes, celui de la situation de l'objet litigieux; pour les troisièmes, les deux compétences se cumulent.

Qu'est-ce qu'une action mixte? Sans vouloir entrer ici dans la discussion sur le sens des mots *tàm in rem quàm in personam*, employés au § 20 (tit. 6, liv. 4) des Institutes de Justinien, nous dirons seulement que l'opinion qui avait prévalu dans l'ancien droit était celle-ci : l'action est mixte si le demandeur peut invoquer à la fois un titre de créance et un titre de propriété. Que faut-il entendre par là?

Quelques auteurs enseignent qu'une action est mixte quand une demande personnelle est jointe à une action réelle. Dans cette opinion, l'action réelle par excellence, la revendication, deviendra presque toujours mixte, une demande en restitution de fruits bien ou mal fondée y étant presque toujours jointe. Ce système, appliqué rigoureusement, aurait l'inconvénient de modifier la compétence au gré du demandeur. A cette objection quelques auteurs répondent quelquefois que l'action mixte est telle, pourvu qu'habituellement la demande accessoire y soit jointe; alors la compétence est fixée sans que le demandeur puisse la modifier. Mais reste l'objection principale; les actions réelles disparaissent à peu près complétement, et viennent se ranger dans la classe des actions mixtes.

Suivant une seconde opinion qui tend à dominer, il

faut que dans la demande on puisse invoquer cumula-
tivement la qualité de propriétaire et de créancier de
la chose. Dans l'ancien droit, à côté des trois actions
divisoires qu'avait léguées le droit romain, et qui étaient
mixtes, les auteurs plaçaient un certain nombre d'actions dites *personales in rem scriptæ*, « lesquelles étant
» principalement et par leur nature actions person-
» nelles, néanmoins, par rapport à quelque chose qui
» leur est accessoire, tiennent de la nature de l'action
» réelle. Telles sont les actions qui naissent d'une obli-
» gation personnelle, à l'exécution de laquelle la chose
» qui en fait l'objet est affectée. » (N° 122, *Introduction générale aux coutumes*, Pothier.) Pothier citait l'action de réméré et celle résultant de « toutes les autres
» clauses expresses ou sous-entendues sous lesquelles
» un héritage est aliéné ». Parmi ces clauses se trouve
celle de la résolution pour défaut de payement. Dans
les travaux préparatoires, rien n'a été dit à ce sujet.
La question de la double compétence a été soulevée à
propos des actions réelles, et a été repoussée; elle a
été maintenue sans contestation pour les actions mixtes,
sans que le législateur se soit expliqué sur leur nature.
Cela démontre que le Code de procédure n'a entendu
que reproduire l'ancienne jurisprudence, qui comprenait au nombre des actions mixtes l'action en résolution. Malgré cela, la pure personnalité de l'action résolutoire a été soutenue.

Nous avons soutenu que dans tous les cas une sentence est nécessaire. Comme l'opinion contraire est
soutenue, nous examinerons quelles sont les conséquences de cette doctrine au point de vue de la compétence.

1° Une sentence est nécessaire, et le débat s'élève entre le vendeur et l'acheteur.

L'action a un caractère personnel. En effet, le vendeur soutient qu'en vertu du contrat l'acheteur doit subir la résolution, le droit de la demander résultant d'une clause expresse ou tacite. Ce caractère d'action personnelle n'est contesté par personne.

Au contraire, le caractère de réalité soulève plus de débats. En effet, dit-on, l'on ne saurait confondre la nature de l'action avec son but, surtout son but non immédiat. La résolution prononcée aura bien pour résultat de faire considérer le vendeur comme ayant toujours été propriétaire, mais ceci est le résultat de la résolution et non le résultat de l'action, qui a pour but unique la résolution. La sentence étant attributive de résolution, tant qu'elle n'est pas intervenue, le vendeur ne peut invoquer son droit de propriété, qui est en suspens, puisqu'un des éléments de la résolution manque.

Nous ne nous dissimulons pas la logique de ce système; nous ne pensons pas cependant qu'il doive être adopté. La première et la meilleure des raisons est qu'à notre avis ce n'est pas celui du législateur, qui n'a fait que suivre la jurisprudence ancienne; le second motif est celui de l'utilité; la conséquence du premier système est que le tribunal du domicile de l'acheteur est seul compétent pour prononcer la résolution. Mais une fois la résolution prononcée, le vendeur peut invoquer contre l'acheteur, pour le contraindre à lui restituer, deux droits, d'abord son droit de propriété, ensuite l'obligation que l'acheteur a contractée envers lui par la clause du contrat. Pour les conséquences de la résolution, le vendeur a le choix entre les deux compétences. Mais s'il veut réunir les deux actions en une seule et n'avoir à subir les lenteurs que d'un seul procès, il faut qu'il s'adresse au tribunal compétent pour la résolution, c'est-à-dire à un juge quelquefois fort éloigné de l'immeuble litigieux. En résumé, nous croyons que pour faire prononcer la résolution, le vendeur a le choix de traduire l'acheteur soit devant le tribunal de son propre domicile, soit devant celui de la situation de l'immeuble. Notre motif de décider est que la loi l'a voulu ainsi, et qu'elle a bien fait de le vouloir ainsi, en raison de l'utilité que présente cette décision, alors même qu'elle s'écarterait des règles d'une logique trop rigoureuse.

2e *hypothèse.* — Une sentence étant nécessaire, le débat s'élève entre le vendeur et un tiers.

Tout ce que nous avons dit ci-dessus à propos du débat entre l'acheteur et le vendeur doit se répéter si le tiers est personnellement obligé envers le vendeur en vertu d'une délégation acceptée.

Mais supposons que le tiers ne soit pas obligé envers le vendeur, peut-on dire qu'entre eux existent les liens d'un quasi-contrat, résultat des deux contrats intervenus, l'un entre le vendeur et l'acheteur, l'autre entre l'acheteur et le tiers? Cela semble difficile. Si cela était, il faudrait faire disparaître du Code ce qui est relatif aux tiers détenteurs. Il n'y a pour ainsi dire point de cas où l'on ne puisse voir l'existence d'un quasi-contrat de cette nature.

Le tiers n'est donc tenu que *propter rem.* Contre lui le vendeur ne peut agir que par la revendication.

Plusieurs cas peuvent se présenter.

La résolution n'a point encore été demandée. Le vendeur peut-il, *omisso medio,* agir directement contre lui?

Non ; les conditions de la résolution ne sont pas toutes réalisées, il manque la sentence ; le vendeur se verra donc repoussé.

Si au moment où le tribunal est appelé à se prononcer sur ce débat il est déjà saisi d'une action en résolution, les deux affaires seront jointes. Si c'est le tribunal du domicile de l'acheteur qui est saisi de l'action en résolution, le tribunal saisi de l'action en revendication renverra les parties devant le premier.

Il est possible enfin que la résolution ait déjà été prononcée et que le tiers n'ait point été appelé au débat. Peut-il se voir opposer la résolution prononcée en son absence ? Non, c'est *res inter alios acta*. En effet, il a intérêt à ce que la résolution ne soit pas prononcée, il a un droit que l'acheteur ne peut compromettre, et s'il offre de satisfaire aux demandes du vendeur, il ne saurait être repoussé.

Le vendeur agissant contre l'acheteur fera donc bien de mettre en cause tous ceux qui pourraient, du chef de l'acheteur, invoquer un droit réel sur l'immeuble.

3ᵉ *hypothèse*. — Une sentence n'est pas nécessaire ; la résolution a lieu de plein droit.

Nous avons repoussé cette doctrine ; mais quelles sont les conséquences que doivent en déduire ceux qui l'admettent ?

Dans cette hypothèse, le vendeur agissant contre le tiers, ne pourra le faire que par la revendication.

S'il agit contre l'acheteur, ce qui sera le cas le plus fréquent, la double compétence est incontestable. En effet, le vendeur peut invoquer deux titres : celui de propriétaire, puisque la résolution est accomplie ; celui de créancier de la restitution, puisque l'acheteur s'est obligé envers lui par la clause de résolution tacite ou expresse.

CHAPITRE V.

DES EFFETS DE LA RÉSOLUTION.

§ 1. — Entre les parties contractantes.

Lorsque la résolution est opérée, l'acheteur est réputé n'avoir jamais été propriétaire, le vendeur n'avoir jamais cessé de l'être. Les choses doivent être remises dans l'état où elles seraient si la vente n'avait pas eu lieu.

L'acheteur devra donc restituer la chose elle-même dans l'état où elle se trouve, avec les accroissements qu'elle a reçus. Si un trésor avait été trouvé, le vendeur aurait droit à la moitié qui revient au propriétaire.

Quant aux fruits, doivent-ils être restitués? l'acheteur peut-il les garder? Autrefois, on s'inquiétait surtout de la question de savoir si l'acheteur était de bonne ou de mauvaise foi. Comme la bonne foi se présume toujours, c'était au vendeur, qui en réclamait la restitution, de prouver la mauvaise foi de l'acheteur. Cependant, déjà dans notre ancien droit, en cas de pacte commissoire exprès, on décidait que les fruits devaient être restitués, par application de la règle romaine.

Actuellement, il semble que ce soit la règle romaine qui doive être suivie dans tous les cas. La loi, en déclarant que la vente est résolue, si l'acheteur ne paye pas le prix, ne fait qu'exprimer la volonté des parties. L'on ne voit pas alors pourquoi les règles varieraient suivant que cette volonté a été formellement exprimée ou, au contraire, sous-entendue. L'acheteur devra donc rendre les fruits sans qu'il soit admis à prouver sa bonne foi, sans que le vendeur soit forcé de faire la preuve contraire. Tel est le principe qui nous paraît devoir être adopté. Il faut cependant admettre des tempéraments. Si un terme avait été accordé à l'acheteur pour le payement du capital et que les intérêts de ce capital eussent été régulièrement payés, en compensation l'acheteur serait autorisé à conserver les fruits perçus pendant le même temps. De même si une portion du prix avait été payée, l'acheteur conserverait une portion correspondante des fruits. Disons d'une façon générale que cette restitution des fruits est avant tout réglée par les conventions des parties. Le juge, compétent pour cette interprétation de la volonté des parties, pourra autoriser l'acheteur à conserver tout ou partie des fruits; mais il ne doit le faire que quand les circonstances lui donneront la conviction que telle a été la volonté tacite des parties, sinon il devrait en ordonner la restitution.

La décision contraire a été soutenue. Elle n'est au reste dans notre matière que la conséquence de la doctrine générale. Quand, dit-on, une condition résolutoire se réalise, les fruits ne doivent pas être restitués. Si l'on objecte aux partisans de cette opinion la rédaction de l'article 1183 : « *La condition résolutoire est celle qui remet les choses au même état que si l'obligation n'avait jamais existé. Elle oblige le créancier à restituer ce qu'il a reçu,* » ils répondent qu'il faut entendre cela *secundum subjectam materiam,* qu'il n'est question dans cet article que des obligations principales, et que la loi n'a pas prévu la question des profits accessoires que l'acheteur peut avoir tirés de la vente. Il est fort dur, ajoute-t-on, de contraindre l'acheteur à cette restitution, qui est onéreuse et peut entraîner sa ruine si cette perception a duré plusieurs années. Ces raisons, cependant, ne nous ont pas convaincu. La distinction que l'on fait sur l'article 1183 est purement arbitraire. Quant à la position de l'acheteur, elle nous touche peu, car nous devons envisager surtout la position du vendeur, qui a été privé par la faute de l'acheteur de la jouissance et des produits de sa chose, et qui n'a rien touché comme équivalent; car, dans la doctrine qui nous semble préférable, si les intérêts ont été payés en tout ou en partie, les fruits seront gardés dans la même proportion.

La question des risques offre assez peu d'intérêt. En effet, toutes les fois que la chose aura péri en totalité, le vendeur se gardera bien de demander la résolution. La question ne peut donc s'élever en pratique que sur la perte survenue depuis la demande en résolution. Comme dans ce cas l'acheteur est en demeure, c'est lui qui supportera les risques, sauf à lui de prouver que la chose eût également péri entre les mains du vendeur. Cette restriction, dans notre opinion, suivant laquelle la sentence est un élément de la réalisation de la condition, suppose que, dans le cas général où une condition résolutoire est jointe à un contrat, et lorsqu'elle vient à se réaliser après la perte de l'objet de la convention, la résolution est encore possible et a pour résultat de mettre les risques à la charge de l'ancien propriétaire. Cette opinion, contraire à celle qui est le plus généralement admise, nous paraît cependant résulter de la nature de la condition résolutoire. L'opinion contraire nous semble basée sur une confusion entre la condition résolutoire et la condition suspensive. L'on dit généralement : la condition résolutoire est doublée d'une condition suspensive. En cas de condition suspensive, le contrat ne peut se former si la perte de l'objet survient avant la réalisation de la condition. En cas de condition résolutoire, c'est la résolution qui ne pourra prendre naissance. Si l'axiome dont on part était exact, le résultat le serait; mais c'est précisément le point de départ que nous ne saurions admettre. Tous nos anciens auteurs et tous nos auteurs modernes sont unanimes pour dire que la résolution est *distractus potius quam contractus*. Cependant dans cette théorie l'on admet la raison inverse. Pour voir l'origine de cette confusion il importe d'examiner de près les droits et obligations qui sont influencés par la résolution. La vente (et c'est sur ce contrat que nous raisonnerons) produit des droits réels et des droits personnels. Il est évident que si l'acheteur est propriétaire sous condition résolutoire, le vendeur est propriétaire sous condition suspensive. Pour les droits réels il est très-vrai de dire que la condition résolutoire est doublée d'une condition suspensive, et inversement la condition suspensive est doublée d'une condition résolutoire. Mais en est-il de même pour les droits personnels? Nous ne le croyons pas. Au moment où le contrat est passé, l'acheteur est débiteur sous condition résolutoire du prix; est-il créancier sous condition suspensive de sa restitution? Évidemment non. Si la condition se réalise, elle aura un effet plutôt extinctif que résolutoire. Mais quand il a payé, il cesse d'être débiteur sous condition résolutoire pour devenir créancier sous condition suspensive. Ce n'est donc que par un fait postérieur à la convention et qui aurait pu ne pas se produire que la condition résolutoire se transforme en condition suspensive. La cause de cette obligation du vendeur est le payement fait par l'acheteur; ce n'est pas l'obligation de l'acheteur de rendre le corps certain qui lui a été livré, puisque cette tradition pourrait ne pas avoir eu lieu. Lorsque la condition vient à se réaliser l'obligation du vendeur prend naissance, qu'importe que le corps ait péri ou non. Cette perte n'a d'influence que sur l'obligation de rendre qui est éteinte; mais nous venons de voir que cette obligation de rendre n'est pas la cause de l'obligation du vendeur de restituer le prix, obligation qui, par suite, continue à subsister. Dans la condition résolutoire, l'obligation de restituer le prix subsistant malgré la perte, la conclusion est que le vendeur sous condition résolutoire supporte la perte. Dans l'opinion inverse, on reconnaît que si la vente n'avait reçu aucune exécution au moment où la perte par force majeure était arrivée, le vendeur ne pourrait réclamer le prix. Nous ne concevons pas pourquoi il pourrait le garder si la perte ne survenait qu'après le moment où il l'aurait reçu. De deux choses l'une : ou n'ayant pas reçu le prix, il ne peut le demander, et s'il l'a reçu il doit le rendre; ou il peut encore le demander ne l'ayant pas reçu, et peut le garder. Nous ne concevons pas pourquoi une exécution partielle changerait la position des parties. Il n'y a que deux solutions logiques. La perte arrive avant la condition. La vente restera pure et simple et n'aura jamais été que telle, ou bien la résolution pourra encore se produire, ce qui revient à dire que le vendeur supporte la perte. C'est à cette doctrine que nous nous attachons. C'est pour cela que nous disons que la perte survenant pendant l'instance en résolution, l'acheteur sera libéré s'il prouve que la chose eût péri chez le vendeur. Dans l'opinion opposée, la sentence étant un des éléments de la résolution, la résolution ne serait plus possible; l'acheteur supporterait la perte.

Pour les détériorations, il est certain que c'est le vendeur qui les supporte, si elles sont arrivées par cas fortuit. Il ne peut se plaindre puisqu'il était libre de ne pas demander la résolution et de conclure au payement du prix. Si elles étaient arrivées par la faute de l'acheteur, ce dernier en serait responsable.

L'acheteur doit également supporter les frais du contrat et de la résolution, puisque c'est par sa faute qu'il est résolu. Il devrait les rembourser au vendeur qui les aurait avancés.

L'acheteur est tenu des dommages et intérêts qui sont une suite directe de l'inexécution. Sa responsabilité sera plus ou moins engagée suivant qu'il a été coupable de dol ou de simple faute.

Le vendeur, qui reprend sa chose, doit restituer les à-comptes par lui reçus, sauf à retenir le montant des dommages et intérêts ou autres sommes qui peuvent lui avoir été alloués lors de la résolution.

Les arrhes ne seront pas rendues. Cependant si elles étaient très-considérables et si la résolution en empruntait un caractère usuraire, la restitution devrait en être ordonnée.

Si l'acheteur a fait dès dépenses, pourra-t-il les réclamer? Il faut distinguer. Les dépenses nécessaires devront être intégralement remboursées. Si le vendeur était resté en possession, il eut dû les faire pour la conservation de son bien; l'acheteur en les faisant pour lui a droit d'en réclamer le remboursement.

Les dépenses voluptuaires, au contraire, ne donnent

naissance à aucun compte entre l'acheteur et le vendeur. Ce dernier n'est tenu d'aucune manière, l'acheteur a seulement le droit d'enlever ce qui peut l'être sans détérioration pour l'immeuble.

La dépense, sans être nécessaire, était utile; l'immeuble a augmenté de valeur par suite de l'exécution de ces travaux. En vertu du principe que nul ne doit s'enrichir aux dépens d'autrui, le vendeur resté en possession devra payer à l'acheteur la plus value si elle est inférieure aux dépenses, ou ces dépenses mêmes si par exception la plus value était supérieure. Cette décision se justifie d'elle-même, puisque dans le premier cas le vendeur restitue une valeur égale à celle qu'il reçoit, et que, dans le second, l'acheteur est rendu indemne. Seulement les dépenses peuvent avoir été excessives; le vendeur pourrait se trouver par suite dans l'impossibilité de demander la résolution, s'il devait les payer. Dans ce cas, le tribunal pourra dispenser le vendeur de payer et contraindre l'acheteur de se contenter d'une somme inférieure à la plus value. Le juge tire ce pouvoir du droit d'allouer au vendeur des dommages et intérêts qui feront alors compensation pour partie avec les dépenses qu'il pourrait être forcé de payer.

Parmi les dépenses utiles il ne faut pas faire entrer les dépenses de culture, qui doivent être supportées par celui qui profite des fruits; ce sera donc en principe le vendeur, et exceptionnellement l'acheteur, quand il n'est pas tenu à la restitution des fruits par lui perçus.

§ 2. — *A l'égard des tiers.*

Si le résultat de la résolution est de faire considérer le vendeur comme n'ayant jamais cessé d'être propriétaire, il faut prendre en considération ce fait, que c'est par la volonté du vendeur que la propriété a paru un instant reposer sur la tête de l'acheteur. Aussi, parmi les actes passés entre des tiers et l'acheteur, faut-il distinguer les actes d'administration et les actes de disposition.

Les actes d'administration doivent être maintenus; si le contraire était admis, aucune sécurité ne pourrait exister dans les transactions ordinaires de la vie. Il importe au vendeur, pour la bonne gestion du bien qu'il recouvre, que les actes d'administration soient maintenus. Nous dirons donc que les baux consentis par l'acheteur seront respectés. Mais pour combien de temps? Faut-il, comme on l'a proposé, ne les maintenir que pour neuf années? Cela ne saurait être admis. La loi a pu limiter à des baux de cette durée les pouvoirs de certains administrateurs, mais ici elle est muette et l'on ne saurait suppléer à la loi. Ce sera une question de fait. L'acheteur peut-il être accusé d'un concert frauduleux avec le locataire pour mettre des entraves au droit de résolution? S'est-il conformé aux usages locaux? Et s'il ne l'a pas fait, a-t-il eu juste raison d'y déroger? Suivant les réponses à ces questions, le bail sera maintenu ou au contraire résilié. (Art. 1673.)

De même des payements faits à l'acheteur seront valables; ceux faits par un fermier, un locataire, alors même que le vendeur aurait droit aux fruits, eu égard aux circonstances de la résolution. Ce fermier, ce locataire, ne pouvant se refuser à payer entre les mains du nouveau propriétaire apparent, paye valablement. (Art. 1240.)

Si l'on peut voir dans le contrat intervenu entre le vendeur et l'acheteur un mandat donné au second d'administrer, on ne saurait en faire découler le droit d'aliéner et de compromettre son droit. Tout acte d'aliénation totale ou partielle, toute constitution de droit réel sera donc annulée en vertu du principe : *Resoluto jure dantis resolvitur jus accipientis.* Mais, au contraire, un droit de servitude peut avoir été acquis pour l'héritage. On a quelquefois proposé de dire que cette acquisition serait maintenue, parce que l'acheteur avait mandat d'améliorer le fonds. Cette décision peut être admise en principe, quoique le motif donné puisse être critiqué. L'acquisition de la servitude rentrera alors dans la catégorie des dépenses utiles à propos desquelles un compte interviendra entre l'acheteur et le vendeur. Cependant si la concession de la servitude avait été faite *intuitu personæ,* l'on pourrait admettre le concédant à en demander l'annulation.

Pour les jugements, on a aussi proposé de dire que les jugements rendus entre l'acheteur et les tiers pourraient être opposés par le vendeur s'ils lui étaient utiles, qu'il pourrait, au contraire, les repousser s'ils lui nuisaient. La seconde proposition me paraît incontestable. Si l'on admettait le principe contraire, l'acheteur aurait ainsi un moyen commode de valider la concession de droits que la résolution devrait faire disparaître. Pour soutenir la première proposition, l'on s'est fondé sur le mandat tacite d'améliorer, donné par le vendeur. Cette doctrine me paraît cependant contraire à la disposition de la loi. (Art. 1351.) En effet, l'acheteur a pu triompher par des moyens qui lui sont personnels. Il a pu, sans discuter le fonds, se prétendre propriétaire, parce qu'il avait une possession de bonne foi de dix ans, alors que le vendeur n'aurait pu invoquer que la prescription trentenaire. Il semble plus juste de dire que la question pourra être soulevée à nouveau entre le tiers et le vendeur rentré en possession.

Ce que nous venons de dire des jugements nous paraît devoir être répété des transactions. Pour pouvoir transiger, il faut pouvoir aliéner (art. 2045), et il est démontré que l'acheteur n'avait pas qualité pour cela.

Relativement à la possession, il faut dire que le vendeur est réputé n'avoir jamais perdu la possession, l'acheteur l'a continuée en son nom; le vendeur peut donc acquérir ainsi la propriété. Mais la possession doit être estimée dans sa personne et non dans celle de l'acheteur, qui n'a été pour lui qu'un instrument.

Nous avons supposé que la résolution était judiciaire, c'est-à-dire prononcée par le juge après un débat. Mais les parties peuvent être d'accord pour résoudre la vente. Quel effet devrons-nous attacher à la résolution amiable?

Il faut tout d'abord distinguer, suivant que les parties ont exprimé ou non que la résolution avait lieu pour défaut de payement du prix.

Si les parties ne l'ont pas exprimé, à leur égard peu importent les motifs; la résolution opérera. Mais aux yeux des tiers cette résolution sera une simple rétrocession qui ne saurait compromettre leurs droits.

Mais les parties ont formellement dit que la résolution était motivée pour le défaut de payement. Quel sera son effet à l'égard des tiers? Quelques auteurs enseignent que, même dans ce cas, c'est une simple rétrocession qui ne saurait nuire aux droits acquis aux tiers, la doctrine contraire présentant de trop grands inconvénients. Rien ne serait plus facile que de faire tomber ainsi des droits gênants; malgré cette considération, très-grave certainement, il semble que la résolution amiable doive être permise. En effet, la loi ne la défend pas. En outre, à quoi bon imposer à des contractants d'accord pour résoudre leurs obligations la nécessité d'aller devant un juge? Le débat serait complétement illusoire, et les tiers n'en sauraient retirer aucune protection. Nous avons enseigné que la résolution prononcée en l'absence du tiers, celui-ci pouvait contester son utilité et échapper à ses effets en offrant au vendeur d'exécuter les obligations de l'acheteur. La résolution prononcée à l'amiable ne sera opposable au tiers que sous ces réserves. Celui-ci pourra, en prouvant le concert frauduleux du vendeur et de l'acheteur, faire regarder la résolution comme non avenue à son égard. Il pourra prouver, en outre, que les parties ont eu le tort de prendre ce parti, que l'acheteur était solvable, qu'en le poursuivant le vendeur se serait rempli de sa créance. L'on voit que, sous ces réserves, il n'y a pas de bons motifs pour contraindre les parties à requérir un jugement qui ne prouvera rien, puisqu'elles sont d'accord.

Il nous reste à étudier la résolution à un point de vue spécial et très-important, celui de la fiscalité.

Quels sont les droits auxquels donne naissance la résolution, soit en faveur du Trésor, soit en faveur des particuliers?

Au moment de la première vente, un droit proportionnel a été perçu par le Trésor. La résolution prononcée, il semble qu'à raison de la rétroactivité ce droit dût être restitué. C'était la doctrine de nos anciens auteurs, à propos des droits féodaux. L'article 60 de la loi du 22 frimaire an VII a repoussé cette conséquence de la rétroactivité.

« Art. 60. Tout droit d'enregistrement perçu régu-

» lièrement en conformité de la présente ne pourra
» être restitué, quels que soient les événements ulté-
» rieurs, sauf les cas prévus par la présente. »

Dans aucun des articles, la loi ne comprend parmi
ces cas de restitution la résolution pour défaut de
payement. Il est incontestable que les droits perçus
lors de la vente ne seront pas restitués lors de la résolution.

A côté de la question des droits perçus se pose celle
des droits à percevoir.

En principe, ne sont soumis au droit proportionnel
que les actes translatifs d'un droit. Ici il n'y a rien de
semblable; c'est, pour employer le langage de nos
anciens auteurs, *distractus potiùs quàm contractus*.
Aussi nous avons vu qu'à propos des profits féodaux
la doctrine commune était que lors de la résolution il
n'y avait pas lieu à percevoir des droits. En est-il encore de même? Il faut malheureusement dire que non;
la loi fiscale, dans un but facile à comprendre, a complétement mis de côté les véritables principes du droit
civil, dont elle ne devrait cependant pas s'écarter. Un
droit proportionnel est dû; en effet, cette résolution de
la vente n'est point une cause de nullité radicale que
l'article 68 § 3 n° 7 ne soumet qu'au droit fixe. En
outre, l'article 12 de la loi du 27 ventôse an IX ne
soumet au droit fixe, tel qu'il est porté à l'article 68
de la loi de frimaire, que les résolutions de vente pour
défaut de payement quelconque quand l'acheteur ne
sera pas entré en possession. Pour exempter du droit
proportionnel, la loi de ventôse an IX exige deux conditions. Si l'une venait à manquer, on rentrerait dans
la loi générale, et le droit proportionnel serait dû. La
loi exige le défaut d'un payement quelconque. Si donc

une somme, si modique qu'elle fût, avait été versée, il n'y aurait pas lieu à appliquer l'article 12 de la loi de ventôse. — La seconde condition est que l'acheteur ne soit pas entré en jouissance. Cette condition s'explique historiquement. En l'an IX on était encore sous l'empire de l'ancienne législation relativement à la translation de propriété qui n'était pas opérée par la seule convention des parties et qui exigeait une tradition. Aussi, en principe, le droit de mutation n'était-il dû autrefois que lors de la mutation de propriété. Les clauses de traditions feintes étaient tellement devenues de style que l'habitude se prit de percevoir le droit lors du contrat. C'est cette théorie que la loi de frimaire a sanctionnée en l'an VII ; seulement le législateur a trouvé qu'il était bien rigoureux d'exiger un droit proportionnel pour la résolution d'une vente qui n'avait reçu aucune exécution. De là l'article 12 de la loi de ventôse. Depuis, l'article 1583 du Code Napoléon est venu modifier la théorie de la translation de propriété qui s'opère par le seul consentement des parties ; et l'on s'est demandé si, par cela même, l'article 12 de la loi de ventôse n'était pas abrogé, et si dans tous les cas le droit proportionnel n'était pas dû. La réponse affirmative a été faite. Nous ne la croyons pas exacte. Une première considération nous retient. L'article 12 de la loi de ventôse, quoique dérogeant à la loi générale de frimaire et au principe, posé par elle, d'assimiler les résolutions aux reventes, est un retour aux véritables principes de la loi civile. En outre, le cas qui peut se présenter seul sous l'empire du Code, pouvait se présenter après l'an IX. En effet, la vente est par elle-même maintenant un contrat translatif en dehors de toute clause. Avant le Code, l'usage des traditions feintes qui étaient de

style conduisait à un résultat analogue, et la translation
de propriété à l'acheteur par le seul effet du contrat
n'était pas considérée par le législateur comme une exécution suffisante pour qu'il pût regarder la résolution
comme une rétrocession. Il en est de même actuellement, avec cette différence que la translation de propriété, qui était avant le Code l'effet ordinaire de la
vente, en est maintenant l'effet nécessaire.

La loi du 22 frimaire an VII avait assimilé à une
revente les résolutions pour défaut de payement du prix.
Nous venons de voir que par l'article 12 la loi du
27 ventôse an IX avait apporté une exception en réalité assez inoffensive pour le trésor public. La loi du
28 avril 1816 est venue rompre plus complétement
l'égalité que le législateur avait établie entre ces deux
actes au fond si différents. Les actes translatifs de propriété avaient été soumis à un droit de transcription
par la loi du 9 ventôse an VII. La loi s'en rapportait
aux particuliers pour opérer cette transcription, que
leur intérêt leur imposait sous l'empire de la loi du
11 brumaire an VII. Mais sous l'empire du Code, l'utilité de la transcription avait bien diminué, et malgré
l'article 834 du Code de procédure, la transcription
n'était guère en usage. Aussi la loi du 28 avril 1816,
dans un but facile à comprendre, réunit en un seul ces
deux impôts.

« Art. 54. Dans tous les cas où les actes seront de
» nature à être transcrits au bureau des hypothèques,
» le droit sera augmenté d'un et demi pour cent, et la
» transcription ne donnera plus lieu à aucun droit pro-
» portionnel. »

Parmi les actes de nature à être transcrits se trouva
la vente, dans l'autre catégorie se rangeait la résolution

de la vente. Aussi, à partir de 1816, tandis que le premier acte était soumis à un droit proportionnel de 5, 5 pour 100, le second continuait à n'être soumis qu'au droit primitif de 4 pour 100.

La loi du 23 mars 1855, tout en soumettant à la nécessité de la publicité les jugements portant résolution d'un contrat translatif de propriété (art. 4), ne le soumet qu'au droit fixe de transcription de 1 franc. (Art. 12.)

Nous voyons que, si, au point de vue de la loi fiscale, la vente et sa résolution sont des actes analogues, il y a une différence entre eux quant au montant du droit à percevoir.

CHAPITRE VI.

DE LA PUBLICITÉ DU JUGEMENT PRONONÇANT LA RÉSOLUTION.

L'article 4 de la loi du 23 mars 1855 s'exprime ainsi dans son premier paragraphe :

« Art. 4. Tout jugement prononçant la résolution, » nullité ou rescision d'un acte transcrit, doit, dans le » mois, à dater du jour où il a acquis l'autorité de la » chose jugée, être mentionné en marge de la trans- » cription faite sur le registre.

» L'avoué qui a obtenu ce jugement est tenu, sous » peine de cent francs d'amende, de faire opérer cette » mention, en remettant un bordereau rédigé et signé » par lui au conservateur, qui lui en donne récépissé. »

La loi ne parle que des jugements, et comme la transcription est une formalité que l'on ne saurait imposer en dehors des cas prévus par la loi, nous devons restreindre les dispositions de l'article 4 aux actes mentionnés par lui. Il faut donc dire que les résolutions amiables, dont nous avons admis la validité, ne sont pas soumises à cette formalité et que son omission n'entraînerait point la sanction que la loi a ajoutée.

Quelle décision faut-il donner quant à la résolution qui a été opérée de plein droit et qui n'a donné qu'accidentellement naissance à un jugement, à raison de contestations entre le vendeur et l'acheteur? (Nous avons enseigné que la sentence était toujours nécessaire, mais l'opinion inverse étant soutenue, c'est à ce point de vue que nous nous plaçons.) D'après les

termes mêmes de l'article 4, on pourrait soutenir que
le jugement intervénu dans ce cas n'est pas soumis à
la nécessité de la transcription. En effet, pourrait-on
dire, le jugement dans ce cas ne prononce pas la
résolution, il la constate. Il est si vrai qu'il en est ainsi,
qu'un tiers intéressé à ce que la résolution n'ait pas
lieu pourrait soulever à nouveau le débat sur la question de savoir si la résolution est opérée ou non, et
obtenir un jugement contradictoire du premier. Malgré
ces raisons, nous croyons que le jugement obtenu dans
ces conditions doit être transcrit. En effet, le but de la
loi a été de soumettre la résolution prononcée à un
système de publicité; le système adopté est incomplet,
puisque la loi ne parle que des jugements; mais toutes
les fois qu'il y aura jugement il devra être transcrit.
Nous ne pouvons compléter la loi en soumettant à
la nécessité de la transcription d'autres actes que les
jugements, mais au moins pouvons-nous admettre que
toutes les fois qu'il y aura jugement il y aura lieu de
remplir la formalité exigée; les lacunes de la législation sont assez nombreuses, sans que nous venions
encore les multiplier par une interprétation trop stricte
de la loi.

Quelles sont les conditions que doit remplir le jugement pour qu'il soit soumis à la formalité de la publicité?

Il faut d'abord que l'acte dont la loi prononce la
résolution ait été transcrit. Cela est naturel. En effet,
la publicité avait été donnée à une convention, la publicité sera donnée à l'acte annulant la convention. Il
faut évidemment que l'acte de vente ait été transcrit
avant le jour où le jugement a été rendu; la transcription de la vente faite après ce jour ne saurait entraîner

la nécessité de la publicité du jugement; il ne saurait, en effet, dépendre de l'acheteur d'imposer à l'avoué l'accomplissement de cette formalité, alors que le droit qu'il tirait du contrat a été anéanti. En outre, la formalité mentionnée n'étant pas une transcription du jugement, mais une mention en marge de la première transcription, il ne serait pas possible de la remplir s'il n'y avait pas eu de transcription.

La seconde condition que la loi impose est que le jugement ait acquis l'autorité de la chose jugée. Il faut donc qu'il ne soit susceptible ni d'appel ni d'opposition. Comment justifier que le jugement remplit ces conditions? Pas de difficulté si l'appel a eu lieu et que la résolution ait été prononcée ou confirmée. Mais si le jugement a été rendu en première instance, l'avoué devra présenter deux certificats, l'un émanant de lui et constatant la date de la signification du jugement, l'autre émanant du greffier de la cour d'appel, constatant que dans les délais l'appel n'a pas été formé.

Si le jugement a été rendu par défaut contre avoué, l'opposition n'est recevable que dans le délai de huitaine, date de la signification à l'avoué défaillant. L'on devra donc présenter une copie de la notification et un certificat du greffier du tribunal constatant qu'il n'y a pas eu opposition.

Si le jugement était rendu par défaut contre partie, l'opposition est recevable jusqu'à l'exécution du jugement. (Art. 158 C. proc. civ.) Ce sera au conservateur à savoir si les pièces qu'on lui présente prouvent une exécution du jugement tel que l'entend l'article 159.

A qui incombe l'obligation de faire opérer la mention? L'article 4 de la loi de 1855 répond que c'est à l'avoué de la partie qui a obtenu la résolution. Cela exclut le vendeur lui-même; la loi ne lui imposant pas cette obligation, nous ne saurions la suppléer. L'avoué qui est obligé de faire la mention est celui qui a assisté le vendeur dans l'instance qu'est venu clore le jugement. C'est donc l'avoué près le tribunal de première instance, si le jugement de ce tribunal n'a donné naissance ni à l'appel ni à l'opposition; sinon, c'est l'avoué près la cour impériale, sans qu'il y ait lieu de distinguer, suivant que l'arrêt prononce la résolution par infirmation ou confirmation de la sentence des premiers juges, quoique ce soit contesté dans le cas de confirmation.

Le paragraphe 2 de l'article 4 de la loi de 1855 édicte une sanction. L'avoué qui a obtenu le jugement est tenu de faire opérer la mention sous peine de cent francs d'amende. Si donc l'avoué omettait d'accomplir cette formalité, il y aurait lieu à percevoir l'amende; mais pourrait-il être tenu de dommages et intérêts, et même le tiers lésé ne pourrait-il pas faire regarder la résolution comme non avenue et ne pas tenir compte des droits du vendeur?

Dans la discussion de la loi de 1855, il a été formellement dit que l'inaccomplissement de la formalité ne saurait nuire au vendeur. En dehors des travaux préparatoires, et alors même qu'ils seraient muets sur ce point, nous devrions donner la même décision. En effet, les déchéances ne se présument pas. Tout en reconnaissant que la sanction de la loi eût été ainsi plus énergique, nous ne saurions compléter la loi, qui, sous ce rapport, ne parle pas du vendeur. Ce n'est pas à lui que la loi impose l'obligation de faire opérer la mention, c'est à son avoué principalement et directement, et non comme son mandataire. La faute de l'avoué ne saurait retomber sur lui.

Mais si le vendeur étranger à la question ne saurait être inquiété, l'avoué qui est en faute est-il passible de dommages et intérêts? Nullement, car la loi ne l'a pas dit. L'on ne saurait argumenter de l'article 1382, car la loi spéciale s'est occupée de la sanction de ses prescriptions, l'unique sanction est l'amende; l'on ne saurait, sans dépasser les limites d'une bonne interprétation de la loi, imposer à l'avoué une si lourde responsabilité.

Les frais de la mention seront supportés par l'acheteur, puisque c'est par sa faute que la résolution a été prononcée, et que cette mention est une conséquence légale du jugement résolutoire.

Pour nous résumer sur cette question, nous dirons :

La publicité ordonnée par la loi consiste dans une mention du jugement résolutoire en marge de la transcription de la vente résolue.

Ne sont soumis à cette formalité que les jugements résolutoires ayant acquis l'autorité de la chose jugée.

L'obligation de faire opérer la mention n'est imposée qu'à l'avoué qui a obtenu le jugement.

La seule sanction est l'amende de cent francs.

CHAPITRE VII.

FINS DE NON RECEVOIR OPPOSABLES A L'ACTION EN RÉSOLUTION.

Le Code ne reconnaissait que trois fins de non-recevoir : la novation, la renonciation, la prescription ; plusieurs autres ont été admises depuis. Ce sont des déchéances que les tiers seuls peuvent invoquer, mais que l'acheteur ne peut invoquer. Nous étudierons successivement :

1° La novation ;
2° La renonciation ;
3° La prescription ;
4° Les déchéances.

§ 1. — *Novation.*

La novation ne doit pas se présumer (art. 1273), aussi dirons-nous que le vendeur qui a reçu des billets de l'acheteur aura conservé son action, s'il ne lui a donné quittance du prix. De même, s'il y avait eu délégation, nous exigerons que le débiteur primitif ait été déchargé (art. 1275) par application du droit commun.

§ 2. — *Renonciation.*

Comme la novation, la renonciation ne doit pas se présumer.

Mais avant d'étudier quelques circonstances desquelles pourrait apparaître une renonciation, nous devons nous demander qui peut faire une renonciation.

Aujourd'hui, comme dans l'ancien droit, il faut dire que la renonciation à l'action en résolution n'est point une libéralité constituant une donation ; ainsi, nous ne la soumettrons pas aux formes des donations. La renonciation ne sera pas révocable pour cause de survenance d'enfants, ni pour ingratitude. Cependant on doit exiger dans le renonçant la capacité d'aliéner.

Le mineur ne peut renoncer à l'action résolutoire ; mais le tuteur le pourra-t-il, et dans quelles formes ? Il importe de distinguer. La renonciation peut se faire à titre gratuit ou à titre onéreux. Elle serait à titre onéreux si un tiers intéressé, par exemple un sous-acquéreur, obtenait moyennant une certaine somme qu'à son égard la résolution n'aurait pas lieu. Si la renonciation avait lieu à titre gratuit, il semble que le tuteur, soit seul, soit même autorisé par le conseil de famille, ne puisse la consentir. L'on ne saurait argumenter par analogie de l'article 461, qui permet la renonciation à une succession avec l'autorisation du conseil de famille. En effet, là la renonciation peut offrir des avantages que ne présente pas l'acceptation sous bénéfice d'inventaire ; elle permet, par exemple, d'échapper au rapport. Ici la renonciation ne saurait offrir aucun avantage au mineur. Ceci ne s'applique qu'à la renonciation postérieure au contrat de vente. Il en serait autrement si c'était une des clauses du contrat.

Si la renonciation avait lieu à titre onéreux, quelle capacité faut-il accorder au tuteur ? Faut-il dire que, pouvant céder la créance, il doit pouvoir renoncer à l'action résolutoire qui en est l'accessoire, ou, au contraire, exigerons-nous l'autorisation du conseil de famille et l'homologation du tribunal ? Il semble que ce soit ce dernier parti qui soit le meilleur. En effet, le raisonnement « Qui peut le plus peut le moins » est souvent mauvais en droit et ne paraît pas devoir s'appliquer ici. Dans une cession que le tuteur fait sous sa responsabilité, on estime la solvabilité actuelle du débiteur, tout est terminé dès l'instant que le prix est convenu. En cas de renonciation à l'action en résolution, se fiant à une solvabilité qui peut n'être qu'apparente ou disparaître un jour, le tuteur peut compromettre les intérêts du mineur dans le but de toucher une somme peut-être assez faible. On peut ajouter que cette renonciation entraîne une aliénation plus complète de l'immeuble, que cette renonciation n'est autre chose que l'aliénation de la propriété sous condition suspensive qu'avait conservée le mineur.

Pour le mineur émancipé, les conséquences de cette doctrine sont, qu'il ne peut renoncer à titre gratuit, soit seul, soit assisté de son curateur, à son action résolutoire. Pour la renonciation à titre onéreux, l'assistance du curateur est nécessaire.

Pour la femme mariée assistée de son mari, elle peut renoncer à l'action en résolution, soit à titre gratuit, soit à titre onéreux. La justice ne peut, au refus du mari, autoriser la femme à renoncer à titre gratuit, car la femme rend sa condition pire sans compensation ; son autorisation suffirait si c'était à titre onéreux. Ce que nous avons dit pour le tuteur nous amène à dire que la femme séparée de biens, ayant la libre disposition de ses meubles, ne peut aliéner seule son action résolutoire, puisque nous l'avons assimilée aux biens immobiliers.

Mais quand y aura-t-il renonciation ? Si la renonciation est expresse, pas de difficultés. Mais elle peut être tacite.

A Rome, en cas de pacte commissoire, le vendeur

avait une option, mais une fois qu'il avait pris un parti,
il ne pouvait plus *variare*. En réclamant le prix, il
perdait le droit de demander la résolution. Cette doctrine avait été admise dans les pays de coutume. (Poth.,
n° 463, *Vente*.) Actuellement cette doctrine doit être
abandonnée. La loi (art. 1656) exige, en cas de pacte
commissoire, une sommation comme préliminaire de
l'action résolutoire; elle ne saurait la lui faire perdre.
Des poursuites à fin de payement et même des saisies
ne doivent pas être considérées comme entraînant pour
lui renonciation à son action en résolution.

Sous l'empire du Code, la production à un ordre
ouvert sur le prix de l'immeuble ne lui faisait pas
perdre son droit de résolution. Cependant on décidait
habituellement que si c'était lui-même qui avait pro-
voqué la vente, il n'était plus recevable. La législation
a été modifiée sur ce point, et nous l'étudierons avec
les déchéances.

Du reste, quand il y aura eu renonciation, se posera
la question de savoir si elle a été faite *in rem* ou *in personam*. Dans le premier cas, toute personne intéressée
pourra l'invoquer. C'est une question de fait.

§ 3. — *Prescription.*

L'action en résolution se prescrit par trente ans,
date de l'échéance du terme fixé pour le payement.
Mais, quant aux effets de la résolution, une prescription
plus courte peut dans quelques cas lui être opposée.

Lorsqu'une action en résolution est encore admissible,
le débiteur ou le tiers personnellement tenu à la dette
ne peut opposer la prescription de la propriété de l'immeuble. Cette question accessoire de la validité du
contrat doit en suivre le sort.

A l'égard des tiers, la question est différente. La propriété peut se prescrire indépendamment de la résolution. Pour l'acquéreur de bonne foi, ce serait un délai de dix à vingt ans. Pour l'acquéreur de mauvaise foi, ce sera par trente ans. Quelques auteurs ont prétendu que la mauvaise foi pouvait se couvrir, et qu'un sous-acquéreur d'abord de mauvaise foi pouvait cesser de l'être et invoquer une prescription abrégée, dont le point de départ serait le moment où la mauvaise foi a cessé. Cette opinion ne semble pas devoir être admise, elle est contraire aux véritables principes de la prescription, suivant lesquels cette qualité morale de la possession s'estime au moment de son acquisition.

Mais quel sera le point de départ de cette prescription en faveur des tiers? La solution dépen' le la question suivante. L'article 2257 régit-il les droi. réels, ou doit-il être restreint à ses termes mêmes, c'est-à-dire aux créances conditionnelles ou à terme et aux actions en garantie? Sans vouloir entrer dans de grands détails à ce sujet en dehors de notre matière, nous dirons que la seconde opinion nous paraît préférable. En effet, « d'une » part, la prescription étant, en pareil cas (en matière de » droits réels), fondée sur la possession, elle doit de sa » nature pouvoir s'accomplir, malgré les obstacles tem- » poraires qui empêcheraient la personne au préjudice » de laquelle elle procède de poursuivre actuellement » l'exercice effectif de ses droits. D'autre part, le tiers » possesseur peut ignorer l'existence des droits qu'on » aurait à lui opposer; et cette ignorance est même lé- » galement présumée (art. 2268). » (Aubry et Rau, t. II, § 213, note 14.) Le véritable propriétaire savait que l'immeuble dont il pourra un jour revendiquer la propriété pouvait passer entre les mains de tiers, et c'était à lui à prendre les mesures conservatoires. Du reste, telle était la doctrine de nos anciens auteurs, et rien n'indique que le Code ait voulu s'en écarter. Relativement à l'action en résolution, nous dirons que le point de départ de la prescription du tiers acquéreur est son acquisition même, et non le terme fixé pour le payement du prix. La prescription s'opérera par une possession de dix à vingt ans s'il est de bonne foi (art. 2265 et suiv.); sinon, ce sera par trente ans. Et en tout cas, si la créance en réclamation du prix était prescrite avant qu'il ait lui-même prescrit, la propriété se trouverait par cela même fixée sur sa tête.

La question de bonne foi est une question de fait : on s'est demandé si l'acquéreur qui achète alors que le privilége du vendeur est inscrit peut être de bonne foi. Quelques auteurs enseignent qu'il est forcément de mauvaise foi ; en effet, disent-ils, la loi a organisé ce mode de publicité, l'existence du privilége est présumée connue et par suite l'existence de la créance. L'acquéreur a donc su qu'il était sous le coup d'une action résolutoire, connaissance qui le constitue de mauvaise foi. La réponse que l'on peut faire à ce raisonnement est que la bonne foi est une question de fait, que l'article 2268 la présume, que nulle part le législateur n'a édicté la présomption contraire, quand le vendeur s'est conformé à la loi pour la publicité de son privilége, et par suite de sa créance. On a pu donner au tiers des preuves apparentes du payement, et il a pu valablement croire que la créance était éteinte ; seulement il faut reconnaître que la preuve de la mauvaise foi est singulièrement facilitée, si l'on peut prouver qu'avant son acquisition le tiers a demandé un état des inscriptions.

§ 4. *Déchéances.*

Le Code Napoléon était incomplet dans ses dispositions sur le droit de résolution. Dans des circonstances nombreuses où le privilége était perdu, l'action en résolution subsistait entre les mains du vendeur qui venait, en vertu d'un droit ignoré, enlever au tiers acquéreur un bien dont il avait pu et dû se croire légitime propriétaire. Des lois postérieures sont venues modifier cet état de choses.

Lois des 7 juillet 1833 et 3 mai 1841. Ces lois, dont la seconde est la reproduction de la première sur la matière qui nous occupe, ont établi le principe que l'administration, en matière d'expropriation pour cause d'utilité publique, n'avait devant elle qu'un immeuble et que les actions qui pouvaient exister à son sujet n'entravaient point la marche des travaux.

« Art. 18. Les actions en résolution, en revendica-
» tion, et toutes autres actions réelles, ne pourront
» arrêter l'expropriation ni en empêcher l'effet. Le
» droit des réclamants sera transporté sur le prix et
» l'immeuble en demeurera affranchi. »

Ces lois établissaient moins une déchéance qu'une substitution d'un objet à un autre dans l'exercice de l'action en résolution. Elles offraient ceci de particulier, que la mise en exercice de l'action en résolution ou du privilége aboutissait à un même résultat. Il y avait cependant des différences dont quelques-unes ont disparu depuis.

Tandis que par l'exercice du privilége le vendeur n'obtenait que le montant de sa créance, si l'indemnité lui était supérieure, par l'action en résolution il obtenait la totalité de l'indemnité.

Tandis que l'action en résolution pouvait être exercée en tout état de cause, le privilége ne pouvait donner de droits au vendeur qu'autant qu'il avait été rendu public dans la quinzaine qui suivait la transcription du jugement d'expropriation. L'article 7 de la loi de 1855 est venu modifier cet état de choses en unissant dans une même destinée le privilége et le droit de résolution, ainsi que nous le verrons plus loin.

Tandis que le privilége du vendeur pouvait être primé par les priviléges généraux énoncés en l'article 2101, son droit de résolution lui permettait de les repousser.

Loi du 2 juin 1841 modifiée par la loi du 21 mai 1858. Le Code, avons-nous dit, laissait subsister l'action en résolution après l'adjudication et la clôture de l'ordre ouvert entre les créanciers, sans distinguer suivant que le vendeur avait ou non produit à l'ordre, suivant qu'il avait ou non fait connaître son droit et son intention d'en profiter.

En 1841, lors de la modification apportée au Code de procédure civile touchant la saisie immobilière, les législateurs reconnurent qu'un tel état de choses ne pouvait durer, que ce droit de résolution pouvant surgir inopinément avait pour inconvénient d'éloigner des ventes judiciaires les acquéreurs sérieux, et que le crédit en souffrait grandement. On admit le principe qu'une certaine publicité devait être donnée.

Quelques-uns prétendirent que le vendeur devrait, soit par une notification au poursuivant, soit par une mention au cahier des charges, conserver son droit de résolution. Les intéressés, créanciers ou adjudicataires, prévenus qu'un droit existait, ne pouvaient se plaindre.

L'objection que l'on fit était que le maintien de l'action résolutoire après l'adjudication aurait les mêmes inconvénients que l'ancien état de choses, que les acquéreurs sérieux seraient toujours arrêtés par la crainte de ne faire qu'une acquisition précaire, et que la faculté que leur reconnaît l'article 1653 de retenir le prix n'était pas une garantie suffisante; que, s'ils prenaient ce parti, ce seraient les créanciers qui en souffriraient, leur payement étant retardé.

Le système qui prévalut fut le suivant : Le vendeur sera lié à la procédure de saisie si son privilége est inscrit, ou prévenu autant que faire se pourra par des publications dans les journaux si son privilége n'est pas inscrit. S'il veut user de son droit de résolution, il devra le notifier au greffe du tribunal avant l'adjudication; il sera sursis à l'adjudication et le tribunal fixera un délai pendant lequel l'action devra être intentée et la résolution prononcée; à l'expiration du délai, le tribunal passera outre à l'adjudication, et le vendeur sera déchu de son droit de résolution, et l'adjudicataire ne pourra plus être évincé.

La procédure à suivre est réglée ainsi qu'il suit par la loi du 21 mai 1858 (insérée dans le Code de procédure civile) :

1° Huit jours après le dépôt du cahier des charges (art. 690), sommation sera faite au vendeur dont le privilége est inscrit, à son domicile élu, ou, à défaut, à son domicile réel, s'il est situé en France, de prendre communication du cahier des charges, de fournir ses dires et observations et d'assister à la lecture et publication qui en sera faite, ainsi qu'à la fixation du jour de l'adjudication. Cette sommation indiquera les jour, lieu et heure de la publication. (Art. 690, 691, 692 cbn.) Elle portera qu'à défaut de former sa demande en résolution et de la notifier au greffe avant l'adjudication, le vendeur sera définitivement déchu, à l'égard de l'adjudicataire, du droit de la faire prononcer. (Art. 692.)

2° Quarante jours au plus tôt et vingt jours au plus tard avant l'adjudication, l'avoué du poursuivant fera insérer dans un journal publié dans le département où sont situés les biens un extrait signé de lui et contenant des indications (déterminées par l'article 696) de nature à prévenir le vendeur dont le privilége ne serait pas inscrit ou le domicile connu, telles que les noms, profession et demeure du saisi, la désignation de l'immeuble.

3° L'adjudicataire ne pourra être troublé dans sa propriété par aucune demande en résolution fondée sur le défaut de payement du prix des anciennes aliénations, à moins qu'avant l'adjudication la demande n'ait été notifiée au greffe du tribunal où se poursuit la vente. Si la demande a été notifiée en temps utile, il sera sursis à l'adjudication, et le tribunal, sur la réclamation du poursuivant ou de tout créancier inscrit, fixera le délai dans lequel le vendeur sera tenu de mettre fin à l'instance en résolution. Ce délai expiré sans que la demande ait été définitivement jugée, il sera passé outre à l'adjudication, à moins que, pour des causes graves et dûment justifiées, le tribunal n'ait accordé un nouveau délai pour le jugement en résolution. Si, faute par le vendeur de se conformer aux prescriptions du tribunal, l'adjudication avait eu lieu avant le jugement de la demande en résolution, l'adjudicataire ne pourrait pas être poursuivi à raison des droits des anciens vendeurs, sauf à ceux-ci à faire valoir, s'il y avait lieu, leurs titres de créance, dans l'ordre et distribution du prix d'adjudication. (Art. 717.)

Loi du 23 mars 1855. — L'article 7 de cette loi est ainsi conçu :

« Art. 7. L'action résolutoire établie par l'article 1654
» du Code Napoléon ne peut être exercée après l'ex-
» tinction du privilége du vendeur au préjudice des
» tiers qui ont acquis des droits sur l'immeuble du chef
» de l'acquéreur et qui se sont conformés aux lois pour
» les conserver. »

Le droit pour le vendeur de demander la résolution a été souvent et vivement combattu. Deux restrictions lui ont été apportées : l'une en 1833, à propos de l'expropriation ; l'autre en 1841, par la loi sur la saisie immobilière. Lors de l'enquête faite en 1841, et à laquelle prirent part les cours et facultés, trois systèmes furent proposés : l'un de restriction, un second d'option (analogue à celui adopté par la loi de 1841), le troisième enfin de publicité. Lorsque en 1850 la question de la réforme hypothécaire vint s'imposer à l'Assemblée législative, deux systèmes se trouvèrent en présence ; l'un demandait la suppression de l'action résolutoire, l'autre son maintien, à la condition qu'elle fût soumise au régime de la publicité. Ce dernier système fut celui qui fut adopté en principe ; les événements empêchèrent qu'il ne fût sanctionné par la loi. En 1855 il fut repris et il a servi de base à l'article 7 de la loi.

La loi a établi une solidarité entre le privilége et le droit de résolution. La solidarité n'est pas complète. Il est des cas où le privilége survit à la résolution, d'autres cas où la résolution survit au privilége. En effet, faute de faire prononcer la résolution avant l'adjudication, l'action résolutoire est éteinte, le privilége subsiste ; à l'inverse, lorsque le privilége est éteint, le droit de résolution peut ne pas l'être si l'une des deux autres conditions exigées par la loi n'a pas été remplie.

Les deux conditions nécessaires pour que l'extinction du privilége entraîne l'extinction de l'action résolutoire sont :

1° Que le tiers ait acquis un droit réel sur l'immeuble ;

2° Qu'il se soit conformé aux lois pour sa conservation.

Il est bien entendu que, si l'action résolutoire avait été intentée, elle pourrait être continuée nonobstant l'extinction du privilége :

L'action résolutoire n'est donc pas opposable, après l'extinction du privilége,

Aux ayants cause à titre singulier et onéreux de l'acheteur,

A ses ayants cause à titre singulier et gratuit entre-vifs ou à cause de mort,

A ses créanciers hypothécaires et antichrésistes.

Elle est au contraire opposable :

A ses créanciers chirographaires,

Et à ses ayants cause à titre universel.

Mais il importe d'examiner ici quelques questions relatives au cas où le vendeur se trouve en présence des créanciers chirographaires.

Tout d'abord, quand il y a saisie, l'action résolutoire n'est pas éteinte. Cela tient, alors même que l'on reconnaîtrait au saisissant un droit réel sur l'immeuble, à ce que le vendeur peut valablement inscrire son privilége pendant les poursuites. En 1841, lors de la rédaction du présent article 686 du Code de procédure, il a été formellement reconnu que, après la transcription de la saisie, la partie saisie pouvait encore consentir des hypothèques, quoiqu'elle ne puisse plus aliéner ; *à fortiori* dirons-nous que les créanciers ayant un droit réel antérieur à cette transcription peuvent le rendre public par inscription ou transcription.

Mais une question beaucoup plus délicate s'élève dans le cas où l'acheteur est tombé en faillite, ou dans le cas où sa succession a été acceptée sous bénéfice d'inventaire. Le vendeur qui n'a point conservé son privilége est-il déchu de son action résolutoire?

Plusieurs systèmes ont été proposés à ce sujet.

1er SYSTÈME. — Dans une première opinion, l'on dit que le vendeur n'est pas déchu de son action résolutoire parce qu'il n'est pas déchu de son privilége. En effet, jusqu'à la transcription il est resté propriétaire, et la transcription fait apparaître le privilége et la mutation de propriété qu'elles créent l'une et l'autre.

C'est la suite de ce système que nous avons déjà si souvent rencontré sur notre chemin, et si souvent combattu : la propriété ne passe à l'acheteur que par la transcription.

2e SYSTÈME. — Après la faillite de l'acheteur, le vendeur est bien déchu de son privilége à l'égard de la masse; il n'est cependant pas déchu de son action résolutoire, car l'extinction qu'exige l'article 7 de la loi de 1855 ne s'est pas produite. En effet, la loi veut une extinction absolue; et ici le privilége n'est pas, il est vrai, efficace à l'égard de la masse; mais il conserve toute son efficacité contre l'acheteur, les tiers détenteurs et les créanciers que le failli pourrait avoir postérieurement au jugement déclaratif. Ce système, qui est celui de la jurisprudence, nous paraît singulier, pour ne pas dire plus. En effet, lorsque l'article 7 a été rédigé, le but que le législateur poursuivait était le suivant : l'action résolutoire ne pourra être exercée au détriment de celui contre qui le privilége ne pourrait plus l'être. Il n'est pas douteux que le privilége ne peut être exercé contre la masse, et l'on ne conçoit pas que

17.

ce privilége qui, nous le voulons bien, pourrait encore être exercé contre d'autres personnes, tire de ce fait quelque efficacité contre la masse. A son égard le privilége est éteint et alors on ne peut l'invoquer pour en tirer une conséquence quelconque, que ce soit un droit de préférence sur le prix ou une action en résolution.

3° SYSTÈME. — A l'égard de la masse le privilége est éteint et l'action résolutoire l'est également, parce que le droit réel *sui generis* que la masse acquiert sur les biens du failli par le jugement déclaratif est dispensé de toute publicité. Il en résulte que les conditions requises par la loi sont remplies.

Nous ne saurions admettre ce système; nulle part dans la loi on ne voit qualifier de droit réel le dessaisissement du failli qui s'opère en faveur de la masse. C'est un pur droit d'administration qui ne lui donne pas le moindre droit réel.

4° SYSTÈME. — Le privilége est éteint au regard de la masse. Ce cas d'extinction rentre bien dans les cas visés par l'article 7 de la loi de 1855, cependant l'action résolutoire peut encore s'exercer contre la masse. En effet, cette masse est formée des créanciers chirographaires du failli. Au moment où ils sont devenus créanciers de l'acheteur, au moment où ils ont acquis sur ses biens un droit de gage tacite (art. 2002), le bien vendu était grevé de la condition résolutoire, le fait d'avoir acquis postérieurement un droit réel, l'hypothèque ne saurait enlever à ce bien le caractère de bien acquis sous condition résolutoire. Cette décision donnée dans le cas de faillite doit s'étendre au cas où un créancier chirographaire acquiert isolément de son débiteur une hypothèque sur le bien vendu.

Cette conséquence de ce système, conséquence qui

on a été tirée par son auteur, contient la réponse que nous voulons lui faire. L'article 7, en exigeant que le tiers ait acquis un droit réel, s'est-il préoccupé du moment où ce droit réel serait acquis? Nullement, et avec raison, selon nous.

Ce quatrième système établit une distinction là où la loi ne distingue pas. Si ce principe était admis, il faudrait l'étendre à tout, et dire notamment que la transcription n'est pas nécessaire à l'égard des créanciers chirographaires, qui plus tard deviennent créanciers hypothécaires, ce qui n'est véritablement pas admissible.

5ᵉ SYSTÈME. — Le privilége est éteint au regard de la masse conformément à l'article 7. Mais cette masse n'acquiert, en aucun cas, un droit réel sur l'immeuble. En effet, l'hypothèque que la loi lui accorde n'est pas à proprement parler une hypothèque. L'inscription que la loi ordonne aux syndics de la faillite de prendre (art. 490, 517 C. com.) n'est qu'un mode de publicité de la faillite, qui ne donne pas un droit réel ni à la masse ni aux créanciers qui la composent.

Le motif pour lequel nous ne croyons pas devoir nous ranger à ce dernier système est l'interprétation qu'il donne des articles 490-3°, et 517 du Code de Commerce. Il est bien difficile, en effet, de voir dans cette inscription autre chose qu'une inscription hypothécaire ordinaire produisant tous ses résultats habituels, droit de suite et droit de préférence.

6ᵉ SYSTÈME. — Le privilége du vendeur étant éteint au profit de la masse de la faillite, celle-ci ne peut repousser l'action résolutoire du vendeur qu'après que les syndics auront pris l'inscription que mentionne l'article 490 (C. com.).

C'est seulement alors que les conditions voulues pour l'extinction de l'action résolutoire sont accomplies et qui sont l'extinction du privilége, l'acquisition d'un droit réel, sa conservation conformément aux lois.

Les critiques que nous avons adressées aux systèmes précédemment exposés nous dispensent d'insister longuement sur ce dernier, auquel nous nous rallions comme étant le seul qui tienne un compte exact des exigences de la loi.

POSITIONS.

DROIT ROMAIN.

I. Le vendeur n'a point de privilége pour garantir le payement du prix.

II. Les créanciers ayant hypothèque sur les biens à venir viennent sur ces biens, suivant l'ordre des dates de leurs hypothèques.

III. La condition résolutoire pour défaut de payement n'est pas sous-entendue dans la vente.

IV. Le pacte commissoire peut ne pas contenir fixation d'un terme.

V. Le pacte commissoire peut être soit une condition résolutoire, soit une condition suspensive.

VI. L'acheteur qui veut, en payant, éviter la résolution n'est pas tenu de consigner le prix, il lui suffit de faire constater qu'il était prêt à payer.

VII. Une demande extrajudiciaire ferait encourir au vendeur déchéance du droit de demander la résolution.

VIII. Le caractère d'action de bonne foi n'est pas incompatible avec celui d'action arbitraire.

IX. Le *jussus* du juge ne peut être exercé *manu militari* que contre le défendeur qui, en possession, soutient de mauvaise foi ne pouvoir y obéir.

X. A l'époque classique, la majorité des jurisconsultes refusait au vendeur sous condition résolutoire l'action réelle. Dès cette époque, l'opinion contraire était déjà soutenue; elle a définitivement triomphé dans le dernier état du droit.

XI. Le vendeur garde les arrhes et les à-compte.

XII. Le vendeur, sous condition résolutoire, supporte les risques quand la condition se réalise.

DROIT FRANÇAIS.

I. Le droit de jouissance des père et mère et du mari ne constitue pas un véritable usufruit susceptible d'hypothèque.

II. La consolidation de l'usufruit n'éteint pas les droits réels dont il est grevé.

III. L'emphytéose n'est pas reconnue par le droit français.

IV. Le locataire n'a pas de droit réel sur la chose louée.

V. L'action ne constitue pas *per se* un bien distinct de la chose en vue de laquelle elle est exercée.

VI. Les priviléges sur les immeubles sont des droits immobiliers.

VII. La vente d'une récolte sur pied ne constitue pas une vente immobilière.

VIII. Dans l'échange, la soulte est garantie par un privilége, quel que soit son montant.

IX. Dans l'échange, les dommages et intérêts dus à l'un des copermutants en cas d'éviction ne sont pas garantis par le privilége.

X. Le donateur avec charge a un privilége.

XI. Le privilége s'étend à toutes les améliorations de la chose.

XII. Le vendeur est privilégié pour *tous* les intérêts de sa créance et les loyaux coûts.

XIII. La transcription de la vente n'est point une condition nécessaire à la translation de propriété.

XIV. Le privilége naît au moment de la vente, et son inscription, prise en temps utile, a un effet rétro-actif.

XV. Après l'acceptation sous bénéfice d'inventaire de la succession de l'acheteur, le vendeur ne peut plus conserver son privilége par la transcription. S'il y a plusieurs héritiers ayant pris des partis différents, il faut s'attacher au résultat du partage; s'il y avait eu adjudication au profit d'un tiers, le privilége portera sur les parts indivisés des héritiers purs et simples.

XVI. La disposition de l'article 2146 (C. Nap.) doit être étendue à tous les cas d'acceptation de succession sous bénéfice d'inventaire, mais ne doit pas l'être aux cas de succession vacante.

XVII. Quand il y a plusieurs reventes successives, la transcription de la revente qui fait encourir au vendeur primitif déchéance de son privilége est la transcription de la revente consentie par son acheteur.

XVIII. Lorsque la vente a été transcrite, au bout de dix ans le vendeur est responsable du défaut d'inscription ou de renouvellement d'inscription, et son privilége peut se trouver éteint.

XIX. En cas de résolution légale, après l'expiration du délai par lui accordé, le juge ne peut en concéder un second; l'acheteur ne peut plus valablement payer.

XX. Dans le cas prévu par l'article 1656 (C. Nap.), c'est-à-dire quand il a été convenu entre les parties que la vente serait résolue de plein droit, une sentence est encore nécessaire, et les parties ne pourraient pas convenir qu'elle aura lieu sans jugement.

XXI. Sans fixer de terme pour le payement, il a été

seulement convenu entre les parties que, faute de payement, la vente serait résolue de plein droit; la sentence
est encore nécessaire, et le débiteur ne peut valablement
ment payer après la sommation à lui faite par le vendeur. Le juge ne peut concéder de délais.

XXII. Un acquéreur à titre singulier de la créance
peut demander la résolution.

XXIII. L'action résolutoire est mixte.

XXIV. En cas de résolution, l'acheteur doit restituer les fruits, sauf convention contraire.

XXV. En cas de condition résolutoire, le vendeur
supporte la perte totale ou partielle.

XXVI. La résolution amiable est possible.

XXVII. Ne sont soumis à la nécessité de la publicité
que les jugements de résolution.

XXVIII. La seule sanction de cette prescription est
l'amende de cent francs pour l'avoué.

XXIX. Pour renoncer par voie principale à l'action
en résolution, il faut pouvoir aliéner les immeubles.

XXX. Le tiers non tenu personnellement à l'acquittement du prix peut opposer au vendeur la prescription de dix à vingt ans.

DROIT COMMERCIAL.

I. Après la faillite de l'acheteur, le vendeur ne peut
pas par la transcription de la vente conserver son
privilége.

II. Après la faillite du vendeur, la transcription de
la vente peut encore se faire.

III. Quand le vendeur est déchu de son privilége à
l'égard de la masse des créanciers de son acheteur

failli, il ne peut exercer son action résolutoire, à partir du moment où les syndics ont fait inscrire l'hypothèque que la loi accorde à la masse.

DROIT ADMINISTRATIF.

I. En cas d'expropriation pour cause d'utilité publique, le vendeur peut publier son privilége, conformément à la loi du 3 mai 1841, dans la quinzaine de la transcription du jugement d'expropriation.

II. L'article 12 de la loi du 27 ventôse an IX, qui soumet à un droit fixe les résolutions de ventes non exécutées, n'a pas été abrogé par la promulgation du Code Napoléon.

DROIT CRIMINEL.

I. Ni la théorie du cumul des peines, ni celle du non-cumul, ne satisfont aux conditions d'une bonne justice.

II. De ce qu'en vertu du principe du non-cumul une peine nouvelle ne peut être prononcée, il ne s'ensuit pas que l'action elle-même soit paralysée.

DROIT DES GENS.

I. La déclaration de guerre doit précéder l'ouverture des hostilités.

II. L'autorisation de corsaires rentre dans les moyens de légitime défense.

ANCIEN DROIT.

I. Les créanciers ayant hypothèque sur les biens à venir conservent sur ces biens l'ordre des dates de leurs hypothèques.

II. Le caractère d'action mixte était reconnu à l'action résolutoire.

III. La faculté pour le vendeur d'acquérir une hypothèque sur les biens de son débiteur par l'emploi de la forme authentique a eu deux résultats : empêcher pendant longtemps la concession d'une hypothèque tacite sur le bien vendu ; transformer cette hypothèque une fois admise en privilège.

Vu par le Président de la thèse,
VUATRIN.

Vu par le Doyen de la Faculté,
G. COLMET D'AAGE.

Vu et permis d'imprimer,
Le vice-recteur de l'Académie de Paris,
A. MOURIER.

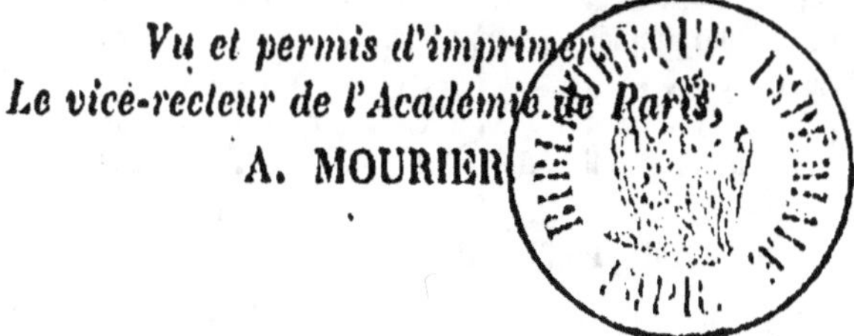

TABLE DES MATIÈRES.

DROIT ROMAIN.

DROIT FRANÇAIS.

TITRE PRÉLIMINAIRE.

TITRE PREMIER.

Privilége.

TITRE DEUXIÈME.

Résolution.

www.ingramcontent.com/pod-product-compliance
Lightning Source LLC
LaVergne TN
LVHW020153030726
842520LV00003B/713